U0085370

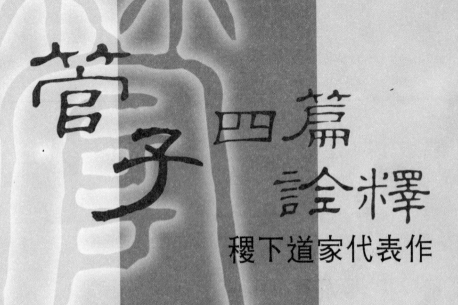

管子四篇詮釋

稷下道家代表作

陳鼓應　著

三民書局

國家圖書館出版品預行編目資料

管子四篇詮釋：稷下道家代表作／陳鼓應著.－－
初版二刷.－－臺北市；三民，2007
　　面；　　公分
參考書目：面
ISBN 957-14-3739-5　（平裝）

1. 管子－註釋

121.611　　　　　　　　　　　　　　92000523

Ⓒ　**管子四篇詮釋**
　　——稷下道家代表作

著作人	陳鼓應
發行人	劉振強
著作財產權人	三民書局股份有限公司 臺北市復興北路386號
發行所	三民書局股份有限公司 地址／臺北市復興北路386號 電話／(02)25006600 郵撥／0009998-5
印刷所	三民書局股份有限公司
門市部	復北店／臺北市復興北路386號 重南店／臺北市重慶南路一段61號
初版一刷	2003年2月
初版二刷	2007年3月
編　號	S 121240
基本定價	肆元肆角

行政院新聞局登記證局版臺業字第○二○○號

http://www.sanmin.com.tw　三民網路書店

序 言

　　1991 年我在北京大學哲學研究所講稷下道家，這是我頭一回開這課，在國內的大學裡也可能是首次設這課程。翌年我又在北大講馬王堆出土的帛書《黃帝四經》，之後我將黃老帛書有關論文和譯注整理出版（《黃帝四經今註今譯》，1995 年臺灣商務印書館出版），原本計畫將稷下道家代表作整理成書，但由於我的研究課題轉到易學上，這項計畫遂擱置多年。我在北大講授稷下道家時，以《管子》四篇（〈內業〉、〈心術上〉、〈心術下〉、〈白心〉）為教材，並輔以〈形勢〉、〈宙合〉、〈樞言〉、〈水地〉等篇。1997 年，我自北大回母校臺大哲學系任教，近年又曾在臺大開過兩次黃老道家的課程。如今將兩校課程的講義和課餘陸續所發表的論文，彙編成冊。

　　我將《管子》四篇集結成書，仿朱熹之編輯四書。朱熹將《禮記》中的〈大學〉、〈中庸〉兩篇抽出，跟《論》、《孟》合湊成冊，究其實，儒家四書之間，彼此在思想內容上的整體性與連貫性，並不如《管子》四篇那樣一致。無論如何，有了朱子的前例可循，更加深了我將〈內業〉、〈心術〉上下及〈白心〉四篇編撰成書的決心。

　　先秦道家派別繁多，影響最深遠的莫過於春秋末年的老學和戰國中後期的莊學及黃老學。我對道家的研究，長期偏重老莊，因著多種原因才擴及到黃老學。早先我在注譯《莊子》全

書時，就遇到外雜篇中滲透著黃老的觀念，但當時我未及留意。稍後認識到稷下道家在百家爭鳴中居於主導地位，這段學術史引起我很大的興趣。而促使我用心在黃老道家的研究，是由於馬王堆漢墓一批黃老帛書的問世。我們將帛書《黃帝四經》和保存在《管子》書中的黃老作品兩者思想上的內在關係聯繫起來作觀察，便可了解戰國黃老思想的端倪，再結合現有的《尹文子》、《慎子》、《鶡冠子》等書，便可把握先秦黃老學的趨勢。

事實上，我們只要從《管子》四篇，便可明白司馬談〈論六家要指〉所說的道家，原來就是黃老道家；從《管子》四篇，便可明白作為先秦時代總結的《呂氏春秋》巨著中何以黃老成為其主體思想；從《管子》四篇，也可明白孟子心氣一類哲學議題的由來，以及《荀子》、《大學》、《中庸》部分思想的淵源。四篇的心學、氣論，實為中國古代思想史不可或缺的一環，而其君道思想，如君上無為臣下有為以及君臣分職而治的觀念，成為漢魏政治哲學的主流思想。四篇的重要性可想而知，可惜學界長期忽視稷下道家在思想史上的地位。

稷下學宮的出現而成為百家爭鳴的具體場所，它在中國古代思想史上為首見的學界盛事，而稷下道家所形成的黃老之學，則成為戰國諸子顯學中的顯學。黃老之學興盛於齊國稷下，由稷下道家環淵、彭蒙、田駢、接子、季真、宋鈃、尹文、慎到等發揚的黃老思想，迅即擴散到全國各地，在楚地有《鶡冠子》的黃老學，在三晉則影響法家為眾所周知，在秦國黃老思潮竟成為《呂氏春秋》學派的主體思想。

黃老學在學術史上影響之廣遠，我們不能不加以研究。而

我個人還有一個特別的緣由投入黃老學的研究，那就是我發現它對《易傳》的影響。殷周之際的《易經》本是占筮之書，《周易》的哲學化始於戰國《易傳》的引道入易，這方面，我已經寫了兩本小書，有興趣的讀者請參考拙著《易傳與道家思想》和《道家易學建構》。

　　黃老學的研究，在當代學界蓬勃起來，首先我們要感謝山東淄博市《管子學刊》的發行，它對齊學研究起了重要的推動作用；摯友胡家聰、牟鐘鑒、熊鐵基、吳光、余明光、陳麗桂、白奚等，在先秦黃老學的領域內，都有傑出的專著發表。近年來，我注意到歐美對黃老學的關注與研究，本國年輕學子撰寫博士論文的也逐漸多起來，這是研究古代道家的一個可喜的現象。本書的出版期望能對稷下道家的研究提供參考。

　　　　　　陳鼓應於臺灣大學哲學系
　　　　　　　　　二○○二年十二月

例 言

一、《管子》四篇（〈內業〉、〈白心〉、〈心術〉上、下）是戰國稷下黃老道家的代表作，本書在於闡發稷下黃老派思想而編撰。全書分成三個部分，第二部分《管子》四篇注釋與詮釋是本書的中心部分。其餘二個部分的文章和解釋都是圍繞著這四篇所做的思想闡發及材料補充。

二、〈內業〉、〈心術〉等四篇及〈形勢〉、〈宙合〉諸篇之正文，根據戴望《管子校正》並參校郭沫若《管子集校》。凡通行本中錯訛之處詳加訂正，正文之校改均於注釋中一一說明。戴望《管子校正》收入許維遹、楊樹達等之說，本書注釋為避免繁瑣，力求簡要，故出處不另作說明，請讀者見諒。

三、經文中（ ）號表示所釋異體字和通假字。〔 〕號表示所補字。〈 〉號表示勘誤。字下標的·表示衍字。□表示缺文。另外，明顯為衍字的，已據刪，不再重出；明顯為錯字，也已據改，不復出；明確為通假字，出現頻率又極高的，則直接出正字。

管子四篇詮釋
——稷下道家代表作

目　次

第二部分　《管子》四篇注譯與詮釋

第三部分 〈形勢〉〈宙合〉〈樞言〉〈水地〉
四篇解釋

第一部分

稷下道家論文

稷下學宮與稷下道家

　　道家思想由老子創立後，進一步有兩條思想發展的路線，其一是莊子學派在心靈境界層面對老子思想的承繼與發揮；其次則是黃老學派側重現實社會層面的關注，而將老子的道論結合形名、法術等內容以展現出新的思想面貌。

　　老學的兩條思想發展趨向中，我們不擬就莊子以及莊子後學的思想內涵加以介紹，不過需提及的，莊子後學的思想中，其實亦一定程度的受到黃老之學的影響。這裡僅就活動於齊國稷下學宮的稷下道家及其黃老學概況，作一簡要介紹❶。

壹、黃老思想與稷下道家

　　黃老思想乃戰國道家一系的學術思潮，《史記》曾提及「黃老道德之術」，並且一再提及「黃帝老子之術」、「黃老之言」。《史記》書末載司馬談〈論六家要指〉，贊賞黃老道家採各家之長，懷殊途同歸的包容氣度，並推崇黃老主逸臣勞的君道思想而批評儒家「主倡而臣和，主先而臣隨，如此則主勞而臣逸」。

---

❶　有關稷下學宮之歷史及情況，參看胡家聰先生，〈稷下學宮史勾沉〉，收在《管子新探》，中國社會科學出版社，1995 年。

司馬談論述道家的治身，主張「神本形具」——即視精神為生命之本而形體為生命之具現。在論述道家的治道時，指出黃老學說有這幾項重要特點：一是主道「約」，即是君主只需掌握國家重大的政策而委下以能。二是主「時變」，這是說掌握時代的命運，推動社會的變革。三是「以虛無為本，因循為用」，這是從認識論上強調治者行事，要摒除主觀成見，以虛心去聽從民意，順從民心。從〈論六家要指〉的短文中，可窺見道家黃老學的基本宗旨。學術界一向認為司馬遷屢言黃老乃是其個人的思想偏好，一直到馬王堆黃老帛書如《黃帝四經》等相繼出土，才重新認識到黃老是一發展於戰國並且興盛於西漢的道家思想流派。

顧名可知，「黃老」乃是黃帝與老子的合稱。雖是合稱黃帝與老子，然而就理論內容來看，黃帝僅為依託的對象，老子的道論方是黃老之學的理論主軸。至於黃帝所以成為黃老之學依託的對象，一方面源於論說者為增加自己理論觀點的說服性，而擡出遠古之傳說人物以資依託。如《淮南子‧修務訓》所說：「世俗之人，多尊古而賤今。故為道者，必託之於神農、黃帝而後能入說。」另一方面，黃帝乃為春秋戰國時期人們心目中的盛明君王，如《國語‧魯語》言「黃帝能成命百物，以明民共財」。而田齊的統治者更是尊黃帝為自己的遠祖，齊威王所鑄《陳侯因資敦》銘文即言：「其唯因資，揚皇考昭統，高祖黃帝，邇嗣桓、文……。」

黃老之學雖以老學為理論基礎，不過因與其他各家學說的交融而產生新的道家思想風貌。簡言之，黃老之學是以老子道

論思想為主軸，同時結合齊法家「法」的思想，以及當時盛行的刑名觀念而融會出的新道家思潮。這一思潮試圖於社會政治層面提出一套君無為而臣有為的治國有效原則。若比較莊子學派來看，莊學少談君道，而黃老之學卻集中於論述君道，可以說所關注的正是班固在《漢書‧藝文志》中所說的「君王南面之術」。

　　如上所言，黃老思想可能在戰國初即已開始醞釀，這可溯源至范蠡的思想源頭中。至於其起源究竟是在齊地還是楚越，晚近學者仍持有不同意見。至戰國中期，黃老思想在齊國的稷下學宮，經由道家學者之著述、講學與討論，乃達於極盛。黃老思想所以興盛於齊稷下，一方面由於春秋末的老子身處首都並擁有史官之地位，且為當時學界之領袖，故其思想至戰國時期流傳廣遠，流傳於齊國稷下，並結合各家之言而發展出新的思想面貌是必然之事。其中，范蠡晚年入齊，將老學帶入齊國或是老學流傳於齊國的因素之一；其次，老學言及治身與治國，治身正是離不開治國層面的考慮，《老子》五千言緊扣治道而論，正可具體作為君道層面的指導；再者，老學的無為治道結合齊法家的治國原則，展現出君臣分職、臣勞主逸之具體而明確的治術，正合於齊國統治者的要求。其後隨著齊國的衰亡，秦國一統天下，黃老思想亦隨著稷下學者之輾轉入秦，而轉移至秦地，繼而體現在呂不韋所召集編纂的《呂氏春秋》一書中。因此黃老思想可謂興盛於戰國稷下，綿延至秦，並進一步延續至漢初的思想潮流。

　　至於稷下道家，雖可說是黃老之學的代表，然正因黃老之

學是指一綿延有時的思想潮流，而稷下道家則是黃老之學在戰國時期發展最為興盛之階段，因此二者有所分別。

　　稷下道家是指活動於齊國稷下學宮而宣說黃老之學的道家學者，這裡先就稷下學宮作一簡介。

貳、稷下學宮簡介

　　春秋戰國時期，隨著貴族流落民間，使學術思想漸趨普及而造就熱絡的學術氣氛，加上各國競爭益烈，才智之士爭相提出富國強兵之說，令後世景仰的百家爭鳴態勢業已形成，而這尤其集中展現在齊國稷下學宮的學術活動中。

　　齊國的稷下學宮究竟是怎樣的性質？其何以能具體展現出當時百家爭鳴的學術態勢？以下分幾點敘述：

一、稷下學宮的地理位置

　　關於齊稷下學宮的位置，有幾處文獻述及：首先，《太平寰宇記》卷十八引劉向《別錄》言及「齊有稷門，齊之城西門也。外有學堂，即齊宣王立學所也，故稱為稷下之學」；此外，《史記・田敬仲完世家》集解引劉向《別錄》中亦言：「齊有稷門，城門也。談說之士期會於稷下也」；而《史記・田敬仲完世家》索隱引《齊地記》則言：「齊城門西側，系水左右有講堂，趾往往存焉。」由以上文獻所載可知，稷下學宮乃位於齊國都城臨淄之西城門，亦即稷門之下 ❷。

二、稷下學宮的設立、興盛及衰落

關於稷下學宮的設立，據徐幹所言，乃為齊桓公（田午）所設：「昔齊桓公立稷下之官〈宮〉，設大夫之號，招致賢人而尊崇之，自孟軻之徒皆游於齊。」（《中論·亡國》）這樣的記載，一般認為是極有可能的。由桓公設立後，隨著威王在政治力圖稱霸而進行變法改革與重用人才，稷下學宮的活動與規模也漸趨興盛。至齊宣王、湣王時期，稷下之學達至興盛的頂峰。

宣王在位十九年，懷一統天下之志，廣泛招募人才，禮賢下士，使威王晚期因齊國王室內鬥而衰落的稷下之學重新興盛起來，《史記》中有兩處載及此。首先，據《史記·田敬仲完世家》所載：

> 宣王喜文學游說之士，自如騶衍、淳于髡、田駢、接子、慎到、環淵之徒七十六人，皆賜列第，為上大夫，不治而議論。是以齊稷下學士復盛，且數百千人。

其次，據《史記·孟子荀卿列傳》所載：

---

❷ 晚近有學者在《淄博市文物志》提供資料的基礎上，進行了新的探索。通過實地考察以及史料論證，肯定稷下學宮所在的「稷門」，不是面對稷山的齊都小城（宮城）南門，也不是小城的西門，而是大城（郭城）兩個西門中偏北的一個門（參見李劍、宋玉順，〈稷下學宮遺址新探〉，《管子學刊》，1989 年第二期）。另外，據趙蔚芝教授考證，小城南邊偏西的門叫雍門；小城的西門叫申門；大城偏南的西門叫揚門，偏北的西門才是稷門（見趙主編《稷下學宮資料彙編》，第 24 頁，1989 年山東教育出版社出版）。

> 自鄒衍與齊之稷下先生，如淳于髡、慎到、環淵、接子、田駢、鄒奭之徒，各著書言治亂之事，以干世主，豈可勝道哉！……于是齊王嘉之，自如淳于髡以下，皆命曰列大夫，為開第康莊之衢，高門大屋，尊寵之。攬天下諸侯賓客，言齊能致天下賢士也。

綜合《史記》兩處所載，大致可勾勒出宣王之時稷下學宮的盛況：人數眾多，並且有七十六人列為「不治而議論」的上大夫。而跟隨這些稷下先生學習的學士，亦多達數百千人。

學宮發展至湣王後期，已開始走下坡。這和湣王好大喜功以及對待諸侯的態度有關。桓寬於《鹽鐵論・論儒》中言及：

> 及湣王，奮二世之餘烈，南舉楚淮，北并巨宋，苞十二國，西摧三晉、卻彊秦，五國賓從。鄒魯之君，泗上諸侯皆入臣，矜功不休，百姓不堪。諸儒諫，不從，各分散。慎到、捷子亡去，田駢如薛，而孫卿適楚。

而最後，不僅賓客離散，稷下盛況不再，甚且湣王亦終因燕、秦等五國之圍攻而逃亡至莒，身死異地。

湣王之後，稷下學宮雖於襄王時期有所恢復，如荀子即於此時在稷下「最為老師」，且「三為祭酒」。稷下學宮由創始至結束，長達一百五十年之久❸。隨六國亡於秦，稷下人才四散，

---

❸ 據胡家聰先生計算，稷下之學由始至終大約有一百五十年歷史。參看《管子新探》，中國社會科學出版社，1995 年，頁387。

學術重心似已漸轉移入秦，這可由《呂氏春秋》一書看出。

三、稷下學宮的性質

從文獻上的記載，宣王時期稷下學宮最為興盛時，大致具有以下三種性質：

㈠廣納賢才的學府

齊宣王為實現其一統天下之志，不限於齊國而廣納各方賢才。如稷下的重要人物中，環淵為楚人，慎到則為趙人等。且據《史記》所載可知，稷下學宮於宣王時，相當於現代大學教授的稷下先生，即有七十六位。此外更有多達數百千名「學士」前來學習，稷下學宮儼然為齊國的最高學府，這在《管子·弟子職》中有生動記述。

㈡為君王獻策的智囊

稷下學者可以說是在知識上為齊國執政者出謀劃策的。他們在政治上為執政者設計法令制度，並著書立說宣揚自己的政治主張。就政治的角度來說，稷下學者恰可稱為君王的智囊團。

㈢學術活動的中心

齊國統治者廣納賢才於稷下，除了營造能「致天下之賢才」的美名外，也期各家能發揮所長，提出富國強兵之策。在學術活絡及政治要求的雙重因素下，稷下各派學者紛紛宣說己見，百家爭鳴的局面具體呈現於此。

由文獻記載，除了各家廣為宣揚己說，稷下學宮的學術活動還包含以下幾種內容：

(1)著書立說

按《史記》記載，稷下學宮的學術活動包含稷下先生的「各著書言治亂之事」。由《漢書‧藝文志》的著錄，大概可知如宋鈃著有《宋子》、田駢著有《田子》、環淵著有《環子》、接予著有《接子》，而此等著作皆亡佚。現今可見者，大概尚有《孟子》、《荀子》以及《慎子》殘本與《尹文子》等書。此外，現今流傳的《管子》一書，則可說是當時稷下學者的一部論文總集。內容兼備道、法、儒、陰陽等各家之說，《管》書可說以道家哲學思想為理論基礎，這點後文再論。

(2)講學與學習

稷下先生宣揚自己學說最好的方法，即是透過講授教學。這些稷下先生擁有優厚的生活待遇，不須實際從事任何職事，可以「不治而議論」，專心講學與研究。而數百千名由各地而來的學士，則自由的求教於各稷下先生，並沒有限制特定的師從對象。至於稷下學宮師生間相處的情形，今本《管子》有〈弟子職〉一篇，詳細記載學生們應遵守的儀節，同時表現出尊師重道的精神。

(3)定期學術研討會

除了學術著述以及講學、學習，劉向《別錄》中還載及「談說之士期會於稷下」，可知稷下學宮有定期的學術聚會。而所「談說」的內容，不外是各家提出自己學說，以及彼此間的論辯。

如《韓非子‧外儲說》左上中言及「兒說，宋人，善辯者也。持白馬非馬也服齊稷下之辯者」；以及《史記》中亦載及「齊辯士田巴，服狙丘，議稷下，毀五帝，罪三王，服五伯，離堅白，合同異，一日服千人」（〈魯仲連鄒陽列傳〉正義引《魯仲連子》）。

　　由此可看出，在稷下開放的學術環境下，各家得以盡情宣揚自己的論點，並相互交流彼此影響。

參、稷下道家人物及著作

《史記》載及：

> 慎到，趙人；田駢、接子，齊人；環淵，楚人。皆學黃老道德之術，因發明序其指意。故慎到著十二論，環淵著上下篇，而田駢、接子皆有所論焉。（〈孟子荀卿列傳〉）

　　據《史記》所載，七十六位稷下先生之中，有姓名可考的僅六人，而有姓名可稽的六人中即有四人是「學黃老道德之術」，亦即研究宣說黃老之學，人數比例不可不謂極高。

　　除了《史記》載及的稷下道家人物，其他文獻中言及的稷下道家人物尚有多人，以下即簡要敘述《史記》以及其他文獻中提及的稷下道家人物，及其主要著作或思想。

一、彭 蒙

彭蒙為齊人，於戰國中期約當齊威王、宣王時代遊於稷下學宮，為另一稷下道家人物田駢之師。《莊子・天下》將彭蒙與田駢、慎到列為一派。有關彭蒙之著作，史籍不載，僅片段見於《莊子・天下》以及《尹文子・大道》上、中。思想上，彭蒙主張「齊萬物以為首」，強調事物的齊同，並且認為對事物應採取因循自然的態度。另外，亦提出「不言之教」的主張，以為「選則不遍，教則不至，道則無遺者矣」。

二、田 駢

據《史記》所載，田駢為齊人。《漢書・藝文志》道家類記有《田子》二十五篇，而班固注曰：「陳駢貴齊」，高誘則曰：「齊陳駢作《道書》二十五篇，齊生死，等古今。」古田陳通，陳駢就是田駢。有關田駢的著述已佚，僅片段地見於《莊子・天下》、《尹文子・大道》上、下、《荀子・非十二子》、《呂氏春秋・執一》、《戰國策・齊策》，以及《淮南子・道應訓》等著作中。據《呂氏春秋・執一》所載，田駢有「變化應求而皆有章，因性任物而莫不宜當」，亦即萬物變化有其規律，且為政者應因順事物之客觀情態而適宜行事的主張。此和司馬談〈論六家要指〉言及黃老思想「應物變化，立俗施事，無所不宜」之意旨吻合。

三、環 淵

據《史記》〈敬仲完世家〉以及孟子荀卿列傳所載，環淵為

楚人，與慎到、田駢等人「皆學黃老道德之術」，並於齊宣王時為「稷下先生」。關於環淵的著作，《史記》載環淵著上下篇，《漢書·藝文志》則載《蜎子》十三篇，今佚。

四、慎 到

慎到為趙人，齊宣王、湣王之世遊於稷下，受上大夫之俸。而據西漢桓寬所編《鹽鐵論·論儒》所載，齊湣王「矜功不休，百姓不堪。諸儒諫，不從，各分散。慎到、接子亡去，田駢如薛，而孫卿適楚」，可知慎到於齊湣王末年離開齊國，而後至韓為韓大夫。

《莊子·天下》將慎到與彭蒙、田駢視為一派，其中心思想為「齊萬物以為首」，並主張「公而不黨，易而無私，決然無主」，即立功去私而不存己見，以及「趣物而不兩」，亦即隨物變化而不起兩意。此外〈天下〉篇還提到「慎到棄知去己」、「泠汰於物」、「與物宛轉」，此與老子因任自然之旨相合。

關於慎到的著作，《史記》載「慎到著十二論」，《漢書·藝文志》著錄有《慎子》四十二篇，至明代僅存五篇，現存《慎子》七篇。

《荀子·解蔽》論「慎子蔽於法而不知賢」，從《慎子》殘卷來看，慎到應屬道家思想人物。至於慎子的學派歸屬問題，學界有不同的看法，一般認為他是由道轉向法的關鍵人物，有的專家學者認為他是兼有道家、法家思想的早期道家❹。自馬王堆《經法》等帛書出土後，晚近學界多以為他屬於黃老學派❺。

---

❹　參見吳光，《黃老之學通論》，浙江人民出版社，1985 年 6 月。

五、接子、季真

關於接子，《史記》稱「接子，齊人，……皆學黃老道德之術……田駢、接子皆有所論焉」。成玄英《莊子疏》中則並提及接子、季真二人，曰：「並齊之賢人，俱遊稷下。」關於二人之著述，《漢書·藝文志》道家類著錄有《捷子》二篇，已亡佚。季真則無書傳世。在思想主張之上，《莊子·則陽》在論及宇宙萬物起源的問題時，曾提到季真主張「莫為」，接子主張「或使」，均屬道家學派。

六、宋 鈃

宋鈃，又名宋牼、宋榮，為宋人。於齊威、宣之際遊於稷下，為稷下最有影響力的學者之一，孟子、莊子加以尊稱（孟子以「先生」稱呼他，莊子稱他為「宋榮子」，荀子則以子宋子來稱呼）。《漢書·藝文志》著錄《宋子》十八篇，已佚。班固說：「孫卿道宋子，其言黃老意。」依此當歸入道家。《莊子·逍遙遊》則描述宋鈃達到定乎內外、辨乎榮辱之境：「舉世而譽之而不加勸，舉世而非之而不加沮，定乎內外之分，辨乎榮辱之境。」《莊子·天下》則將宋鈃和尹文列入同一派，論述他們的主要觀點為：⑴接萬物以別宥為始，⑵語心之容，命之曰心之行，⑶見侮不辱，救民之鬪，⑷禁攻寢兵，救世之戰，⑸情慾寡淺，⑹願天

---

❺ 參見江容海，〈慎到應是黃老思想家〉，《北京大學學報》，1989年，第一期；又如張秉楠《稷下鉤沉》中所言：「稷下黃老之學經過慎到開拓，成為戰國法治主義的理論基礎」，其部分遺著「法家思想較濃，但考其源，亦出於黃老道德之意」。

下之安寧以活民命，人我之養畢足而止。

此派融合了道墨思想，如「禁攻寢兵，救世之戰」正是墨子的主張；《荀子·非十二子》將宋鈃和墨子並舉，即可見宋子的思想和墨子有共同之處。此派最大的特色是提出「見侮不辱」之說，荀子批評「宋子有見於少，無見於多」(《荀子·天論》)，「見少」即與老子觀點相同；此外荀子還批評宋鈃「大儉約，而慢差等」(〈非十二子〉)，此點也可看出與道家思想相合之處。

郭沫若以為，《管子》〈心術上、下〉、〈內業〉、〈白心〉四篇即是宋鈃遺著，此觀點受到中外學者廣泛的接受，不過晚近亦有不少學者反對這樣的說法❻。郭沫若以為宋鈃這一派，「是戰國時代的道家學派的先驅，而他的主要動向是在調和儒墨。」此說則頗可參考。

七、尹　文

尹文為齊人，與宋鈃同遊於稷下，劉向以為「其學本於黃老」(仲長統《尹文子》序文)。《說苑·君道》記載齊宣王曾問政於尹文，尹文勸齊宣王實行「無為」。他認為：「無為而能容天下」，並言：「大道容眾，大德容下，聖人寡為而天下理矣」，這是引申老子無為而治的學說。尹文並曾與齊湣王論「士」，提出「見侮不鬥」之說(《呂氏春秋·正名》)。

---

❻ 如馮友蘭、張岱年等著名學者均提出異議(見馮著，《中國哲學史新編》第二冊，頁 101；以及張著，《中國哲學史料學》，頁 48-50)；另外張先生還撰寫專文〈管子的心術等篇非宋尹著作考〉，加以論證(見陳鼓應主編《道家文化研究》第二輯)。

在著述上，現今所傳《尹文子》一書，有學者認為是尹文學派的著作❼。當代學界由於受到三十年代「疑古」之風的影響，多將現存《尹文子》一書誤判為魏晉時人偽作，晚近已有學者以專文提出駁正❽。

肆、《管子》四篇——稷下黃老代表作

稷下道家之重要人物及作品除以上所列，另有一部集結稷下學者著述的論文集，即《管子》一書，更能表現出稷下百家交會之思想型態。《管子》一書融會各家學說，然其中卻有不少黃老思想的篇章，如〈心術上〉、〈心術下〉、〈內業〉、〈白心〉四篇，以及〈形勢〉、〈宙合〉、〈樞言〉、〈水地〉等作品，其中《管子》四篇更是黃老思想的代表作。此四篇內容有其一致性，亦有著各篇獨自的特點而顯出差異性。

一、《管子》四篇的一致性

此四篇的一致性主要表現在以下幾個方面：

---

❼ 胡家聰先生以為：今傳《尹文子》一書「似是尹文的語錄集，由其弟子整理成書，我們應把它看作是尹文學派的著作」。參見〈尹文子與稷下黃老學派〉，《文史哲》，1984 年第 2 期。

❽ 參見胡家聰，〈「尹文子」並非偽書〉，《道家文化研究》第二輯，1992 年 8 月。

㈠**四篇在行文上有著相關性**

在文字內容上，四篇之間即存在著許多相近之處。我們以〈內業〉為參照點，擇要舉出與其他三篇行文上相似之處：

(1)〈內業〉與〈心術〉文字相近之處

茲舉兩處為例：如〈內業〉云：「道滿天下，普在民所，民不能知也」與〈心術上〉所言「道不遠而難極也，與人並處而難得也」相近；又〈內業〉「有神自在身，……。敬除其舍，精將自來」，與〈心術上〉「虛其欲，神將入舍。掃除不潔，神不留處」相近。

(2)〈內業〉與〈心術下〉文字相近之處

〈心術下〉與〈內業〉在文字上大多相同，因此郭沫若即認為「〈心術下〉為〈內業〉之副本」，並且〈心術下〉「只是〈內業〉篇的中段，而且次序是紊亂的了」。我們舉兩處兩篇文字相近同之處，如〈內業〉云「是故聖人與時變而不化，從物而不移」，而〈心術下〉亦有近似的說法：「聖人之道，若存若亡，援而用之，沒世不亡。與時變而不化，應物而不移，日用之而不化」；另外〈內業〉言及「道」：「凡道，無根無莖，無葉無榮，萬物以生，萬物以成，命之曰道」則與〈心術下〉言及「道」：「道，其本至也，至不至無，非所人而亂。凡在有司執制者之利，非道也」近似。

(3)〈內業〉與〈白心〉文字相近之處

〈內業〉言及「道」無所不在，而一般人卻難以明白其存在的說法：「道滿天下，普在民所，民不能知也」，亦見於〈白

心〉：「道之大如天，其廣如地，……。民之所以知者寡」之說；
又〈內業〉對「道」的描述：「不見其形，不聞其聲，而序其成，
謂之道」亦與〈白心〉「視之不見，聽之不聞，灑乎天下滿，不
見其塞。集於顏色，知於肌膚」兩者描述相通。

(二)四篇在思想內涵上對老學的繼承

　　細審四篇的思想內涵，顯然皆一致是對老子思想的承繼與
發揮。這可由以下幾個層面看出：

　　⑴在「道」論上，老子認為「道」乃「視之不見，聽之不
聞，搏之不得」（《老子》第十四章），且「不可致詰」，是超越名象
而無法用感官知覺的。而「道生之，德畜之」（第五十一章）之說，
也進一步闡明「道」之創生萬物，以及「德」之畜養萬物，使
其生長、發展。而這樣的「道」論正為《管子》四篇所承繼，
如〈心術上〉曰：「虛無無形謂之道，化育萬物之謂德」，以及
「道也者，動不見其形，施不見其德，萬物皆得以生」。正是對
老子「道」的「視之不見」以及「道生之，德畜之」的闡發。

　　另外，〈內業〉中所言「萬物以生，萬物以成，命之曰道」，
以及〈白心〉「視之不見，聽之不聞，灑乎天下滿，不見其塞」，
亦是承繼老子之道論。

　　⑵老子強調「虛」、「靜」，所謂「致虛極，守靜篤」（第十六
章）。在老子，「虛」同時具有修養論以及宇宙論層面之意義，前
者如「虛其心」之說，後者則如「虛而不屈，動而愈出」之論；
至於「靜」更是老子所重視，如「清靜為天下正」（第四十五章）、
「靜為躁君」（第二十六章）等說法。

　　老子「虛」、「靜」之論，皆在《管子》四篇中得到進一步的發揮。如談到「靜」，〈心術上〉即云：「動則失位，靜乃自得」，又說「靜則能制動矣」；而〈內業〉亦云：「靜則得之，躁則失之」，皆是老子「靜」觀的展現；而論及「虛」，〈心術上〉所言：「天之道，虛其無形，虛而不屈，無形則無所位；無所位，故遍流萬物而不變」，是在天道論上對老子「虛」的闡明；而〈心術上〉「虛者，無藏也」之說，則是由認識論之心境層面，對老子「虛其心」的承論。

　　(3)老子屢言「無為」，既用以描述「道」的特性，所謂「道常無為而無不為」(第三十七章)，又用以作為人事層面應事之原則，所謂「處無為之事」(第二章)、「為無為，事無事」(第六十三章)，於此四篇亦有所繼承。如〈心術上〉云：「無為之謂道」，無為正是行事之原則。而〈白心〉亦云：「能者無名，從事無事」，「無名」、「無事」亦是老子「無為」思想的具體闡釋。

　　(4)《老子》「反者道之動」(第四十章)的形上體悟，指出萬事萬物「物極必反」的轉變規律，並以此含括人事的演變。依此，老子提出「守柔」、戒「驕」、戒「剛強」之處世態度。

　　四篇中對老子如此的思想，多有體會。如〈白心〉云：「日極則仄，月滿則虧，極之徒仄，滿之徒虧，巨之徒滅」，從「物極必反」的形上律則推演出的人事發展規律，正是承自《老子》「物壯則老，是謂不道，不道早已」之意旨。而「持而滿之，乃其殆也。名滿於天下，不若其已也。名進而身退，天之道也」，正是老子「功遂身退，天之道也」(第九章)之論。

　　(5)老子也重視「時」、「中」、「和」、「一」等概念，如言：

「動善時」(第八章)、「守中」,以及「聖人抱一以為天下式」(第二十二章) 等。《管子》四篇亦承繼了這些概念,而成為其重要的思想內涵。如〈白心〉云:「建當立首,以靜為宗,以時為實,以政為儀,和則能久」,同樣強調了「靜」、「時」、「和」的概念。〈內業〉中亦云:「執一不失,能君萬物。君子使物,不為物使,得一之理」,所言之「一」當即是承老子「抱一」、「執一」觀念而來。

總而言之,《管子》四篇一致的承繼與發展了老學的重要概念與思想內涵,可以說,這是四篇在思想承繼的側面上表現出的一致性。

㈢四篇屬於黃老學派之作

仔細分析四篇的思想內涵,恰好與司馬談在〈論六家要指〉中言及道家之旨相和。因此以〈論六家要指〉中所提及的道家思想內涵為線索,正可比對出《管子》四篇中黃老之學的思想成分。

分析〈論六家要指〉中所言之「道家」,亦即黃老之學,大致可歸結出三點思想內容,即「以虛無為本」、「以因循為用」,以及關於形神養生的問題。我們即以此三項主題,來就《管子》四篇中的黃老思想加以說明。

㈠以虛無為本

所謂「虛無為本」,就是以內心的虛靜淳和為根本,相當於《管子》四篇所言的「虛靜無為」。「以虛無為本」是針對人的

內在方面而言的，意味著內心的虛靜恬淡。《管子》四篇極為重視內心的修養，單從篇名上看，「心術」正是指內心修養的方法。此方法正是：「心術者，無為而制竅者也」(〈心術上〉)。於此，「無為」即指內心的虛靜以及行事上的循理而不妄作，此正符合〈論六家要指〉「以虛無為本」之意。〈內業〉中亦云：「心靜氣理，道乃可止」，以及「修身靜意，道乃可得」，「心靜」以及「靜意」之說，皆指向內心的淳和虛靜。

「以虛無為本」，運用到治道，則是治者宜摒除主觀成見而以客觀情狀為規準。

(2)以因循為用

關於「因循」之用，〈論六家要指〉中有清楚的闡釋：

> 有法無法，因時為業。有度無度，因與物合。故曰：「聖人不朽，時變是守。」

又云：

> 其為術也，因陰陽之大順，采儒墨之善，撮名法之要。與時遷移，因物變化。立俗施事，無所不宜。指約而易操，事少而功多。

因此，所謂「因循」一方面是指以客觀事實為依據，依照事態變化的趨勢而行動的行事原則；同時還包括所謂「因陰陽

之大順，采儒墨之善，撮名法之要」，亦即思想上充滿靈活性，能客觀認識與採納他家之長，而不死守於一家之論。

　　《管子》四篇中「因」的思想，正與〈論六家要指〉所言的「因循之用」意義相符。〈心術上〉言及「因」：「因也者，舍己而以物為法者也」，正是要求人去除主觀成見，依循於事物客觀情狀而行動。而「無為之道，因也。因也者，無益無損也。以其形，因為之名，此因之術也」（〈心術上〉），「因」正是「無為」的具體意義，依順於客觀情勢之實，不做主觀的損益，虛心無為，此是「因」之術，亦正是「無為」之道。

(3)形神養生問題

　　〈論六家要指〉中，提及有關養生的問題：

　　道家使人精神專一……。至於大道之要，去健羨，絀聰明，釋此而任術。夫神大用則竭，形大勞則敝。形神騷動，欲與天地長久，非所聞也。

又云：

　　凡人之所生者，神也。所託者，形也。神大用則竭，形大勞則敝，形神離則死。死者不可復生，離者不可復反。故聖人重之。由是觀之，神者，生之本也；形者，生之具也。不先定其神，而曰「我有以治天下」，何由哉？

　　〈論六家要指〉提及的形神觀，皆是《管子》四篇中重要的形神養生論。首先，四篇言及「精氣」。〈內業〉云：「凡物之精，此則為生；下生五穀，上為列星。流於天地之間，謂之鬼神；藏於胸中，謂之聖人。」此處所言之「精」是一種微妙的精氣，既充塞於宇宙之中，又內在於人體和心靈。而「夫道者，所以充形也」，「道」在此即是「精氣」之意，精氣是充滿人身的。充於人身之精氣又稱為「神」，因決定著人的精神內蘊，因此其意義已轉化至人精神心靈之層面。

　　從修養的角度而言，精氣能否留存於人身體及心中，影響著人身心之狀況。〈內業〉即言：「精存自生，其外安榮，內藏以為泉源，浩然和平，以為氣淵。淵之不涸，四體乃固。……不逢天災，不遇人害，謂之聖人」，正是精氣影響身心之論。

　　另外，〈內業〉還提出「正心在中，萬物得度」、「摶氣如神，萬物備存」之說，指出修養一己之身心與治理萬物間之關聯，可以看做是「心術」與「主術」間的關係。而這正是〈論六家要指〉所言：「不先定其神，而曰我有以治天下，何由哉？」之意。

　　從〈論六家要指〉所言「道家」之要義來比對《管子》四篇之思想意旨，其中大多吻合之情況來看，四篇確屬於黃老學派的作品。

二、《管子》四篇的差異性

　　《管子》四篇雖具有一致性，然卻不能隨意將四篇混同，其實各篇皆有其特點與主旨。就拿〈心術下〉與〈內業〉二篇

來說，雖二篇文字大抵雷同，然而如朱伯崑先生所比較，此二篇有一點不同，亦即「〈心術下〉談形名，〈內業〉不講形名」。因此，似亦不能輕易如郭沫若所言，視〈心術下〉為〈內業〉之「副本」，將二篇視為同一篇。以下分論各篇獨自的特點與意旨，再就各篇寫成之年代的差別提出簡要的說明。

㈠《管子》四篇各自的思想意旨與特點
⑴〈心術上〉的意旨和特點

　　〈心術上〉的主旨是發揮「虛無」、「因循」的思想。〈心術上〉以為「道」蘊含「虛靜」的特性，虛靜的道與人密不可分，因此聖人可以體得虛靜之道。然而體得「道」須內心虛靜，亦即去除欲求與成見，此即所謂「掃除不潔，神乃留處」。

　　此外，〈心術上〉引進「形名」的觀念來具體闡發黃老之學「無為而治」的理論。其言「物固有形，形固有名」，以此而言「正名」、「應物」，推展開來即是「因」之術。

　　而通過「因」之術，〈心術上〉將「心術」推展至「主術」的應用上。亦即以虛靜之心，因循外物客觀之情勢，在政治上達至君臣分職、物各為治的效果。
⑵〈心術下〉的意旨和特點

　　〈心術下〉亦清楚的將治國與治心關聯起來，闡明治理天下乃奠基於統治者身心之修養。所謂「心安是國安也，心治是國治也」。此外，〈心術下〉亦講「形名」，其言：「凡物載名而來，聖人因而裁之而天下治。名實不傷，不亂于天下而天下治」，

這正是〈心術下〉與〈內業〉差異之處。

(3)〈內業〉的意旨和特點

　　〈內業〉提出重要的精氣說，精氣既流行於天地之間，亦留存於人身心之中。所言「夫道者，所以充形也……卒乎乃在於心」。指出「道」藉由心之明鑑，「道」可以留存於心中。

　　此外，〈內業〉透過「道」、「心」、「氣」、「形」以及「神」等重要概念來闡揚治身之道。

(4)〈白心〉的意旨和特點

　　〈白心〉主要論述聖人之取法天道之虛靜，此與〈內業〉、〈心術〉上、下諸篇意旨同。不過，〈白心〉亦談形名，並且將之與「法」結合起來。所謂「是以聖人之治也，靜身以待之，物至而名自治之。正名自治之，奇身名廢。名正法備，則聖人無事」。「名正法備」正是結合形名與法度之論，此與〈心術上〉不同。

　　此外，〈白心〉亦強調「因時」之說。所言「隨變斷事也，知時以為度」，正體現出黃老重視「時變」的思想。

　　四篇在思想的一致性中，亦有著各自的意旨與特點，此外在寫成的順序上亦可見其先後差異。

(二)《管子》四篇寫成的先後差異

　　整體說來，〈心術下〉是對〈內業〉的闡釋與引申，因此，〈心術下〉寫成的時間當即在〈內業〉之後。而〈心術〉上、下二篇寫成之時間相當，因此，〈內業〉與〈心術〉上、下這三

篇寫成的時間先後，當即〈內業〉早於〈心術〉上、下。

　　至於〈白心〉，其中「形名」、「法」以及治國層面之思想，顯然皆為〈內業〉所無或較〈內業〉理論上更細膩，〈白心〉寫成當晚於〈內業〉。而〈白心〉將「形名」與「法」之思想結合起來，並且身心的修養亦與形名加以關聯，可以說綜合了〈內業〉與〈心術〉上、下的主要思想。因此，〈白心〉寫成的時間當為四篇中最晚。

《管子》四篇的道論

《管子》四篇（〈內業〉、〈心術〉上、下及〈白心〉）主旨在於論心，即以心本論、心氣說為核心，而其哲學理論則由道論而發❶。《管子》四篇的道論可以說是老子道論的繼承和發展❷。

---

❶ 《管子》四篇作者的問題，向為研究者所關注。筆者較同意蒙文通先生的看法，認為這幾篇作品是稷下黃老派的學說，「似不必確認其為何人的書。」（見蒙文通，《古學甄微·略論黃老學》，頁 28，1987 年巴蜀書社）；類似觀點請參看馮友蘭，《中國哲學史新編》第二冊，第十七章；胡家聰著，《管子新探》，頁 100，1995 年中國社會科學出版社。

❷ 今本《管子》，為漢代劉向所編定，現存七十六篇，內容十分龐雜。宋代葉適已指出：「《管子》非一人之筆，亦非一人之書。」（《習學記言》卷四十五）朱熹並說：「《管子》，非管仲所著。……想只是戰國時人收拾當時行事言語之類著之，並附以他書。」（《朱子語類》卷一百三十七）今本《管子》有些篇敘述管仲的遺說，成書較早（如〈大匡〉、〈中匡〉、〈小匡〉篇）；本文關注的《管子》四篇成書當在戰國中期以後。有關四篇年代，筆者同意張岱年先生的看法，認為其年代「當在《老子》以後，荀子以前。〈心術〉等篇中談道說德，是受老子的影響；而荀子所謂虛一而靜學說又是來源於〈心術〉等篇」（見張岱年，《中國哲學史史料學》，頁 581，1982 年北京三聯書店）。

　　《管子》四篇以「道」為宇宙萬物的終極本原,〈白心〉言:
「原始計實,本其所生」,指的就是本原之道。〈內業〉說:「凡
道,無根無莖、無葉無榮,萬物以生,萬物以成,命之曰道。」
在萬物生成論的觀點上,《管子》四篇祖述《老子》; 在對萬物
的養育問題上,亦然。《老子》❸ 說:「道生之,德畜之。」老子
之道,具有創造的功能和養育的功能。所以〈心術上〉說:「道
之與德無間」,它們是宇宙萬物存在的本原和生長的基礎。而且,
〈心術上〉更為老子的道與德作出這樣簡明的解釋:「德者道之
舍,物得以生,……德者,得也; 得也者,謂得其所以然也。」
這裡說的「所以然」,其實就是本原之道。〈心術上〉進一步將
《老子》的「道」、「德」界說為「虛無無形謂之道,化育萬物
謂之德。」這是對老子形上之道與畜養之德最完整的概括。此外,
四篇在以下這些方面對老子有所繼承和發展。

壹、《管子》四篇中祖述老學之成分

一、道之超言絕象

　　《老子》以「窈兮」、「冥兮」(第三十二章) 形容「道」之深

---

❸　《老子》一書為老聃自著 (請參看拙著《老子今註今譯》序文,
　　臺灣商務印書館 1997 年二次修訂版。) 故筆者在行文時將其人其
　　書互用。新近公布的戰國楚墓竹簡《老子》,其中甲組摘抄本所根
　　據的傳本,可能早於戰國中期,這一珍貴文獻的出土,為《老子》

遠暗昧，〈內業〉便說：「冥冥乎不見其形，淫淫乎與我俱生。」
《老子》以道為超言絕象，無形無名，並說：「視之不見，聽之
不聞，搏之不得。」《管子》四篇繼承此說，如〈內業〉云：「不
見其形，不聞其聲，而序其成謂之道」，「道也者，口之所不能
言也，目之所不能視也，耳之所不能聽也」；又如〈心術上〉有
云：「道也者，動不見其形，施不見其德……故曰大道可安而不
可說」 ❹。可見四篇對道體的描述，與《老子》並無二致。

二、道之虛靜無為

　　《老子》論「虛」，有天道意義之虛，如謂「虛而不屈」（第
五章）；〈心術上〉沿襲了這一觀念 ❺，認為「天之道，虛其無形，
虛而不屈，無形則無所位；無所位，故遍流萬物而不變」。《老
子》所言之「虛」，亦有人道意義之虛，如云「虛其心」（第三章）；
〈心術上〉謂「恬愉無為，去智與故，言虛素也」。「虛素」與
「虛其心」文義相通。

　　《老子》哲學追求「虛極靜篤」（第十六章），以「靜」為萬
物之所根，從而主張「清靜為天下正」（第四十五章）。這些觀念
沿著道論之脈絡也同樣在《管子》四篇中體現。〈心術上〉說：
「動則失位，靜乃自得」，又說：「靜則能制動矣」，顯然是《老

　　成書早出說提供了更為有力的實物證據。

❹　〈白心〉對於道體的描繪也直接祖述《老子》，如「視之不見，聽
　　之不聞」等語。

❺　「虛」字屢見於〈心術上〉，全篇約 20 見；而〈內業〉則言「正」、
　　「靜」、「定」，這是考察《管子》四篇差異性時，頗堪留意之處。

子》「靜為躁君」思想之推衍；〈內業〉也有同樣的表白：「靜則
得之，躁則失之」更與《老子》所說的「靜為躁君」、「躁則失
君」（第二十六章）在文字上若合符節。不過〈內業〉言靜，更有
將老子政治層面轉化到心靈層面的趨向。〈內業〉屢屢就心靈修
養層面強調正、靜、定的作用，這方面對《大學》有著直接而
深刻的影響❻。

　　老子將天道之無為應用於人事，這一思路為《管子》四篇
所繼承，如〈心術上〉云：「無為之謂道」；又云：「必知不言、
無為之事，然後知道之紀」，其中「不言、無為之事」，顯然是
引自《老子》第二章「處無為之事，行不言之教」，而「道紀」
一辭，則本於《老子》第十四章❼。

三、道之「反」的特性

　　《老子》第四十章以「反者道之動」一語概括宇宙間「物
極必反」之理，據此乃有柔弱守雌、戒驕戒躁的處世之方。〈白
心〉云：「強而矯者損其強，弱而矯者亟死亡；……是故驕之餘
卑，卑之餘驕」，正是對《老子》「守柔曰強」（第五十二章）、「勿
驕」、「勿強」（第三十章）再加推衍。〈白心〉又言：「日極則仄，

---

❻　《大學》云：「知止而後有，定而後有靜，靜而後得安」，「欲修其
　　身者，先正其心」。按：「靜」、「定」觀念首見於《老子》（第三十
　　七章），而《大學》之言「靜」、「定」、「安」的修心工夫則直接來
　　自〈內業〉。

❼　其餘如〈白心〉云：「能者無名，從事無事」，亦是套用《老子》
　　思想概念加以推衍。

月滿則虧，極之徒仄，滿之徒虧，巨之徒滅。」則是《老子》「物
壯則老，是謂不道，不道早已」之餘意，而「持而滿之，乃其
殆也。名滿於天下，不若其已也，名進而身退，天之道也。」正
是本於《老子》「持而盈之，不如其已，……功遂身退，天之道
也。」(第九章) 而「滿盛之國不可以任仕，滿盛之家不可以嫁子，
驕倨傲暴之人不可與交。」也可以與《老子》「金玉滿堂，莫之
能守」、「富貴而驕，自遺其咎」(第九章) 互為印證。

　　由以上的對比看來，《管子》四篇在道論上明顯地祖述《老
子》。

貳、《管子》四篇對老子道論之發展

　　《管子》四篇在道論上，不只於祖述《老子》，在好些思想
觀念上又有著進一步的發展。以下舉數例為證：

一、道之必寬舒、必堅固

　　老子道論貴在守柔不爭；稷下道家則強調它的寬舒、堅固
的性格，如〈內業〉曰：「凡道必周必密，必寬必舒、必堅必固。」
「道」之周密、寬舒與堅固性，體現於人身，可以達至「耳目
聰明，筋信而骨強乃能戴大圜，而履大方」，如此昂揚氣概正相
應著齊國文化傳統所孕育出來的大國氣象，與《老子》書中描
寫體道之士守柔不爭、凝靜敦樸、謹嚴審慎的人格型態大異其
趣❽。

二、道之其大無外、其細無內

《老子》言「大」、「小」，謂「域中有四大」（第二十五章）、
「見小曰明」（第五十二章）。老子所謂的「域中」顯現出一種空
間上的範限性。而稷下道家則屢言道之「其細無內，其大無外」
（〈內業〉）、「其大無外，其小無內」（〈心術上〉）、「大之無外，小之
無內」（〈宙合〉），在在皆強調道在空間上的無限性。莊之於老也
有類似的發展，莊子常將人放置於無窮性的宇宙，在大化之流
的時空中來思考人類的處境，開擴人們的視野。春秋末期之老
學發展至戰國中期以後的齊、楚道家，思想視野更形開闊，頻
頻觸及無限時空之延伸，可說具有共通的時代特色❾。

三、虛與無為觀念之發展

《老子》論「虛」，一方面涉及空間義之「虛」，如謂「天
地之間，虛而不屈。」（第五章）另一方面則就心境而言「致虛極。」
（第十六章）稷下道家就這兩方面加以繼承，並作進一步的衍伸。
就空間而言，稷下道家一方面將「虛」提升至道的層次（〈心術
上〉：「虛無無形謂之道」）；另一方面將它提升到萬物之始的地位（〈心
術上〉：「虛者萬物之始」）。

稷下道家除了將老子空間義之「虛」提升為宇宙論中的一

---

❽　《老子》第十五章以古之善為士者，微妙玄通，深不可識，而強
　　為之容，分別以豫兮、猶兮、儼兮、渙兮、敦兮、曠兮、混兮、
　　澹兮、飂兮對體道者的容態與人格型態勉強作了一番描述。見陳
　　鼓應《老子今註今譯》，頁 105–106。
❾　這種思想開闊的時代性，如名家之惠施，陰陽家之騶衍均是。

個範疇之外，還將老子心境之「虛」，轉化而為認識論上的一個概念。老子論「虛」，多就修養工夫之層面而立論，〈心術上〉則轉而延伸到知識論主客關係的層面上，強調主體認識機能保持空明靈覺的功能。〈心術上〉有一段這樣的文字：

> 人皆欲知而莫索之，其所知，彼也；其所以知，此也。不修之此，焉能知彼，修以此，莫能虛矣。

「彼」與「此」在認識論上分別代表了「所知」之客體與「所以知」之主體，〈心術上〉認為如果主體不能獲致清明，那麼對於客體也不可能有確切的認識。所謂「虛者，無藏也」，「無藏」就是主體不受主觀偏見的障蔽而能如實地客觀反映實況。

至於「無為」的觀念，稷下道家則賦予其具有時代性的新內涵。老子的「無為而無不為」，原始的意義乃是統治者若能順任民情而不強作妄為，其結果就會什麼事情都做得順當。但黃老派將「無為」導向君與臣之間的職能分工原則上。〈心術上〉有云：「心在本體，君之位也；九竅之有職，官之分也……君無代馬走，無代鳥飛。」認為君主主要掌握處事的法則（「以觀其則」），不要擴權去越俎代庖，讓各級官吏分層任事。以此，黃老將「無為」引進刑名法治的思想，這對老子的原義有著嶄新的內容。

參、《管子》四篇道論之特點

　　稷下道家之道論方面，具有最大突破性的發展，可總結為這兩個方面：一是援法入道，二是以心受道。後者為道與主體之關係，前者為道落實於政治社會之運作。從這兩個方面，都可以看出老學齊學化的特色。更確切地說，稷下道家建立了他們自己獨特的道論。

　　《管子》四篇探討道與主體之關係，提出「道不遠人」、「道者充形」等親切的說法。而道落實於政治社會之運作，則提出有「道生法」、「道貴因」二個重要的命題。

一、「道」與主體之關係

　　老子的道同時涵括天、人二層，究其實，其天道乃是為人道而立說。然而老子的形上之道，總給人以「玄之又玄」的迷離色彩。戰國中期以後，對於「道」的思考則有強化其人間性的趨向，如莊子強調道之「無所不在」，並且提出「心齋」之說，進一步將道落實於人心。稷下道家在這方面也有著相同的思考導向，如：

> 道滿天下，普在民所。（〈內業〉）
> 道不遠而……與人並處，……。（〈心術上〉）
> 道……卒乎乃在於心。（〈內業〉）

　　「道不遠人」乃是泛論「道」與人的聯繫，具體言之，則

落實於「心」。老子之道論並未涉及「心」的範疇，戰國中期之後，莊子提出「唯道集虛，心齋也」之說，不僅將玄遠之道落入人心，並將空明靈覺之心提升而為一種藝術心境。稷下道家論「道」，同樣重視道之落實於人心，而認為只有善於修心，才能得道。稷下道家重視身心的修持以及善心的發揚，則是與莊子不同之處。再則，在道化生萬物之過程的問題上，老子的道論似失之空泛，戰國道家乃提出氣化論以作為補充。莊子闡揚氣化流行的概念，以氣作為構成萬物的原質，並以氣的聚散運行說明萬物的生滅變化與流轉遷徙。稷下黃老則提出精氣學說，將道具象化而為精氣，落實於人身，並用以解釋人物及生命智慧的來源。

二、「道」落實於政治社會之運作

㈠道生法

　　老、孔時代，所謂禮崩樂壞，周初宗法封建所賴以維繫的禮制早已弊端叢生。因而老、孔莫不屬意於聖人之治，而未著眼於客觀制度的重建。戰國中期崛起於齊的稷下道家，其處境與小國陳、魯的老、孔乃至宋國的莊周都大不相同。齊屬天下首屈一指的大國，稷下學宮頂盛時期的威、宣之際，更是鴻圖大展的時機。稷下人物莫不躍躍欲試，投身於體制改革以推動一統大業，包括孟子也都亟言「一定天下」。然而孟子仍依循孔子人治的思想舊途，唯有稷下黃老則一方面在人治的問題上提出「無為」以求限制君權的膨脹，同時繼承管仲以來齊國優良

的法制傳統，以使君臣上下循名責實地各依其職、各盡所能。有關「聖人之治」與「聖法之治」的議題，在《尹文子》中保存了一段思想史上難得可貴的史料：

> 田子讀書，曰「堯時太平。」宋子曰：「聖人之治，以致此乎？」彭蒙在側，越次答曰：「聖法之治以至此，非聖人之治也。」宋子曰：「聖人與聖法，何以異？」彭蒙曰：「子之亂名甚矣。聖人者，自己出也；聖法者，自理出也。理出于己，己非理也；己能出理，理非己也。故聖人之治，獨治者也；聖法之治，則無不治矣。」

　　彭蒙可能是年老一輩的稷下先生，《莊子·天下》將他列為和田駢、慎到同一派，並說他是田駢之師。在上述的討論中，彭蒙指出聖人之治與法治的不同：前者是出於己，後者是出於理，並批評即使聖人之治再好，也會流於「獨治」。這具有何等獨特的眼光！

　　彭蒙是稷下道家重要人物，從他強調法治(「聖法之治」)的說法看來，這條思路也同樣明確地表現在其他重要的黃老著作中。如：馬王堆帛書《黃帝四經》開篇云：「道生法。」

　　〈經法〉篇開宗明義宣稱：「道生法」。然而帛書《四經》(〈經法〉、〈十大經〉、〈稱〉、〈道原〉)稱道法治而未及言禮❿。保存在《管子》書中有關稷下黃老的作品〈樞言〉和〈心術上〉，除

---

❿　帛書《黃帝四經》全書「禮」字未及一見，「仁」字亦僅出現一次，見於〈十大經·前道〉。

了援法入道之外，同時又援禮義以入道。讓我們看看〈心術上〉
提出這樣一段重要的說法：

> 禮者，因人之情，緣義之理，而為之節文者也。故禮者
> 謂有理也。理也者，明分以諭義之意也。故禮出乎義，
> 義出乎理，理因乎宜者也。法所以同出，不得不然者也。

眾所周知，老子對禮、法抱持批判的態度，而稷下道家則
因應時代環境之需，乃提出援禮法以入道的主張。以〈心術上〉
與〈樞言〉篇為代表的稷下道家，認為禮、法出於道，其將道
提到首要的地位，並將形而上之道與形而下之禮法貫通為一整
體。

〈樞言〉篇簡明地說：「法出于禮，禮出于治，法、禮，道
也。」〈心術上〉則對道、德、義、禮、法進行界說。在界說中
將傳統的倫範充實了新的內涵。首先〈心術上〉強調道與德賦
予萬物以生生不息的力量（「徧流萬物」、「物得以生生。」）在道的具
體施用上，重視政治社會生活中設置各種儀節（「為之節文」），而
各種儀節之設施，需兼顧「情」與「理」的平衡。所謂「禮者，
因人之情，緣義之理」，這是一項富有特殊時代意義的提法。

所謂「禮義法度者，應時而變者也」（《莊子‧天運》），道家主
「時變」，對於西周以來實施了數百年而早已弊端叢生的禮制，
進行合理地改造以順應民情（「因人之情」），確實是一個重大的時
代課題。儒家倫理自始便有泛道德化及道德絕對主義的傾向，
經漢唐至宋明，對於思想的禁錮、人心的桎梏，到了每下愈況

的地步。莊子時代便已對儒者發出「惡知禮義」之譏，並提出道德行為須合於人情的呼籲（《莊子‧駢拇》:「仁義其非人情乎!」）。而〈心術上〉「因人之情」的要求，則給予僵固化的禮制文化注入新的血液，在「理」的相互補充下，並帶給禮制以平衡發展的推動作用。

〈心術上〉總結道、法關係說:「事督乎法，法出乎權，權出乎道。」這裡，「道」與「法」之間，由「權」來聯繫。所謂「權」，就是義和禮之和，也就是說在道的大原則下，法的實施要照顧到人的情宜（所謂「義者，謂各處其宜也」）。

㈡道貴因

《老子》書中未提及「因」，戰國道家著作則屢言「因」。帛書《黃帝四經》論及「因」字達 23 次，《莊子》書中則有 53 見。但是其含意主要在於「順任自然」，並未形成獨立的概念。到《管子》四篇中「因」則已成為獨立的哲學概念。〈心術上〉除了對「因」有明確的界說，更發展出「靜因之道」的範疇和「道貴因」的命題。

〈心術上〉對「因」有兩個界說:一為「因也者，舍己而以物為法者也」，另一則為「因者，因其能者言其所用也」。前者是指泯除私見而以客觀事物為準則;後者則是指順任人物的長處來發揮最大的作用。

稷下道家重視「因」，將它提升而為道的一種重要特性，並提出「道貴因」的命題。「道貴因」的思想，具體表現在「因時應物」的原則與態度上。除此之外，又將「因」的概念與「刑

名」相結合，而有所謂「因之術」。〈心術上〉云：「無為之道，因也；因也者，無益無損也。以其形，因為之名，此因之術也」。這是說人們在面對外界事物的時候，以事物客觀之「形」而稱呼其「名」，事物之「名」不得脫其客觀之「形」。聖人據此以「督言正名」，綱紀天下，最主要的便是不假妄意。此「因之術」的原則就是「舍己而以物為法」的引申。由此可見稷下道家是把「因」從政治層面的概念，發展成為認識論的一種概念。

　　稷下道家在討論到和刑名連繫的「因之術」，又同時提出「靜因之道」的命題。這可以就「靜」及「因」兩個部分來加以說明：「靜」即是主觀面保持內心之虛靜；「因」則是因循，揚棄主觀成見，依循外在客觀之準則。「靜因之道」這一認識論上的重要命題，對於荀子「虛壹而靜」（《荀子・解蔽》）的主張有直接的影響。

　　總結稷下道家的道論，在道體的描述上承襲老子。但在道的施用方面，則賦與了時代的特性（如上所述「道生法」、「道貴因」）。至於道具象化而為氣，落實於人心，則是戰國中期道家各派的共同的趨向。

《管子》四篇的心學和氣論

壹、稷下道家的心學

　　道論為哲學理論的基石，而稷下道家思想的核心實則是心學。我們只要從《管子》四篇篇目的命名，就可知曉。「心術」意謂心之功能；「內業」意為內心的修養；「白心」意即潔白其心。在內容上，更可見四篇皆以「心」為論述之主題：〈心術上〉經由論述心與其他知覺官能地位之關係以喻君主治人之術；〈內業〉與〈心術下〉以養形、修心、聚氣為通篇主旨所在；〈白心〉則突顯聖人如何運用道德以修身治國。由此可見，儘管四篇宗旨略有不同，卻皆以「心」為重點申論之一致性。

　　老子雖在道論上具有空前的創發性，但於心學則無所建樹。迄戰國中期，南北道家均大倡心說，豐富中國古代的內聖之學。《莊子》言心，全書多達一百二十餘次，其中可概分為三類：其一為客觀的描述，如〈列禦寇〉謂：「凡人心險於山川，難於知天」，〈在宥〉云：「人心排下而進上」等，乃屬客觀描繪人心之深邃、複雜及其可動性與可塑性。其二為負面之分析，如所謂「機心」、「成心」、「賊心」等屬之。其三則為正面之提升，

如所謂「心齋」即是；尤以「遊心」之說，不僅為莊子主體精神寫照，更為藝術人格之呈現。先秦道家之心學，於莊子可謂達於頂峰。莊子之外，稷下道家則又另闢蹊徑。

《管子》四篇之論心，以〈內業〉最具代表性。〈內業〉中「心」字出現約 33 次，相當於「精」、「氣」、「道」等出現次數之總和。這與《老子》恰恰形成鮮明的比照（《老子》中，「心」字出現九次，而「道」字出現約七十次）。在老子思想體系中，「心」是處於較為被動的位置，如第五十五章「心使氣曰強」。由於老子更注重客觀的「道」，強調對道的客觀依從，因此主體的「心」便不具有能動的品格。為了有效地依從道，便強調「常無心」、「渾其心」（第四十九章）。老子體系中這種「心」的內斂性，使得心對道的認識可能性發生了問題。但是「道」的確立，畢竟強化了對客觀規律的尊重，並且具有制約侯王君主們的自我擴張和占有欲膨脹的意義。

老子的道論確立了宇宙本體論，其對心的忽略，則由戰國道家加以補充。茲以〈內業〉為主，申論如下。

一、心受道 —— 精舍

道充形於人，人得之以安，〈內業〉特別就此提出了道留駐於精舍的說法。所謂「精舍」，指的是靜定之心與康健之身的結合，特別是心。

〈內業〉云：「道……卒乎乃在於心。」〈樞言〉篇也說：「道之在天者，日也；其在人者，心也。」這是說，人對道的接近，就是心對道的接近；人得之於道，就是心得之於道。

心有得道的可能，然則如何能使道駐於心中呢？〈心術上〉接著〈內業〉的「精舍」說，生動地將道駐於心中譬喻為「神將入舍」。它說這個「神」(即精氣)好比尊貴的客人，如果館舍(即心)「掃除不潔，神不留處」。灑掃庭堂，把「精舍」收拾乾淨，才能迎接「貴人」，常駐其中。

「神將入舍」的譬喻，在於說明得道之要，厥在一心。〈內業〉通篇乃藉著「修心」、「治心」、「安心」、「摶心」及「定心」等概念的提出，突顯「心」在稷下道家對道論進行重要而獨特的發展。

神聖之道內化於心。心之受道，這思路為日後宋明「道心」說開其端倪。

二、心的實體和特性

受道之心，稷下道家稱之為「精舍」，莊子則稱之為「心齋」，並將「心齋」提升而為高度的精神境界。至於心之體或心之形，則莊子似未及著意。

縱觀先秦諸子之言「心」，多就心之功能或善惡之分發其議論，對於心性之本身——所謂「心體」，則甚少論及。惟〈內業〉似乎對這類問題有所涉入。

「內業」，按字面的解釋是「內心修養之業」，就其哲學意含探討，可說「內業」即是「心本」❶。所謂「心本」，一謂以心為本，一謂為心之本。以心為本是說「能知」之「心」為認識之本，「所知」之「物」依附於「心」，這是就認識論而言；

---

❶ 《史記·司馬相如傳》索隱：「業者，本也」。

就人生哲學而言，萬事以養心為先。〈內業〉論養心，又特重養氣，並視氣為心之本。

　　〈內業〉心本論的提出，豐富了先秦道家的心學。下面分層來論述：

㈠心性說

　　〈內業〉主心性本虛之說，如第二章說「凡心之形，自充自盈，自生自成」，這即是說心性本虛，它有使精氣充盈生成的本然可能性；下文說「心乃反濟」，也就是指清除了後天情欲的侵擾，心便會重新復歸於「虛」。〈內業〉常使用「充」字，而《文子》說「充虛接氣」，《莊子》說「唯道集虛，虛者心齋也」，此皆可發明〈內業〉的心性本虛說。

　　〈內業〉論心，提出了「心之情」及「心以藏心」等饒有意趣的說法。其文曰：

> 凡心之刑（形），自充自盈，自生自成……。
> 彼心之情，利安以寧。
> 以心藏心，心之中又有心焉。
> 彼心之心，意❷以先言。

　　「心之形」，依字面是指心的形體或形態。究其實含有心之實體的涵義。〈內業〉認為心之實體是具有自我充盈、自我生成的本然性。

---

❷　通行本「意」作「音」，據王念孫《讀書雜志》校改。

〈內業〉論心，尤引人注意的是它提出「以心藏心」的命題。所謂「彼心之心」、「心之中又有心」之說，是一種具有十分哲學性的提法。前一個「心」字，指的是與感官相對並為之主導的官能之心，而後一個「心」，在哲學思維的審思下，指涉一形而上之超越本心，有如老子所謂的「玄鑑」。本心即為心之實體。至於此心之實體究竟，〈內業〉除了提到它「自充自盈，自生自成」之外，並未進一層的描述。

〈內業〉談到「心之情」，說：「彼心之情，利安以寧」，這是說心的特性以安寧為利。〈內業〉認為安和是心之本性，虛靜即是心之本然；它原本處於和諧安舒、圓滿自足的本然狀態，即是達於「和」的境界。然而我們的心，卻往往由於受到外物的惑誘，在各種情緒欲望的翻騰糾結之際，原本安和之心性便因過度波動而遭受攪亂。因而，如何透過修養工夫，重新回歸安和狀態的本然之心，所謂「心乃反濟」，便成為〈內業〉所關注的一大課題。

㈡心氣說

〈內業〉首章「凡物之精」，先說「氣」；第二章「凡心之形」，緊接著說「心」，此二章經紀全篇，亦可視為《管子》四篇之綱領，是為稷下道家心氣之引首。

老子的「道」是無形無息的，它是宇宙的本體，是天地萬物之本原，在冥冥之間作用於自然界與人類社會。〈內業〉用「氣」轉譯老子的「道」，氣則經由「心」的收集，凝聚而為生命的能量。〈內業〉說：「凡道無所，善心安愛〈處〉，心靜氣理，道乃

可止。」這裡討論了「心」、「氣」與「道」三者間之關聯。

　　「氣」雖為宇宙之元體，可以生成而主導萬物，但如果不經過心對氣的收聚，那麼它將永遠處在飄散的狀態中；而「心」雖然為認識萬物的主體，但它如果不能收聚精氣，便不能「德成而智出」，也就因此失去認識宇宙的本然可能性。兩者是相互依存的關係。修治心才能收聚氣，而氣的收聚又能反作用於心，使心能生出智慧並認識和把握宇宙萬物。

　　心對氣來說，包含著「受──失──求──存──發──反」，這樣六個過程。「受」謂兼受於天，即「凡心之形，自充自盈，自生自成」。「失」謂由於後天情欲侵擾而失去，即「其所以失之，必以喜怒憂患欲利」。「求」謂淨潔心舍攝取精氣，即「敬除其舍，精將自來。」「存」謂存思收聚，即「精想思之，寧念治之」。「發」謂精氣之發散致用，即所謂「敬發其充」。「反」是承「發」而說，謂精氣發散致用於外必不斷返還以補充之，否則便是所謂「然而不反，此生之忒」。精氣能否自覺地反復，是修治身心者是否達到安和境界的重要檢驗。

㈢心形說

　　老子強調道的重要性和人對道的體認，其於形體之修養亦兼有涉及，如「載營魄抱一，能無離乎；專氣致柔，能如嬰兒乎」(第十章)、「……比於赤子……骨弱筋柔而握固」(第五十五章)等。「營魄抱一」即是形神合一。〈內業〉「修心正形」、「正形攝德」的心形雙修、形德交養之說，與老子「營魄合一」是同一思想脈絡的發展。

老子的形體修煉是「專氣致柔」，乃通過專氣而達到如嬰兒般的「骨弱筋柔」；而〈內業〉的心形雙修則更強調「四肢堅固」、「筋伸骨強」、「戴大圜而履大方」。〈內業〉的形德交養也表達為「心全形全」，如「心全於中，形全於外，不逢天災，不遇人禍」，這裡的「形全」即是「筋伸骨強」、「四肢堅固」。莊子也有形全心全之說，如〈達生〉：「形全精復。」

〈內業〉不但強調「定心在中，四肢堅固」，而且認為「形不正，德不來」，兩者相養相成。軀體的強健不僅是心神修煉的結果，也可促進道德精神的養護和提升；對此自信溢然的神態，或與北人先天的體格優勢相關聯，而稷下道家尚陽等觀念，亦此之類。

稷下道家如此重視強健體魄對於一個人的修心攝德之重要性，這在先秦道家作品中顯得十分突出，也是古代典籍中難得一見的。〈內業〉篇以「皮膚裕寬，耳目聰明，筋信而骨強」，其優美而有力的筆法，描繪著如此的人格氣象。「大心而敢，寬氣而廣，獨樂其身，意行似天」。我每次讀到這些文句時，頓時覺著精神為之一振，同時總會聯想起尼采筆下的查拉圖斯特拉的昂然神態：「翌日清晨，查拉圖斯特拉從他休息之處躍起，束緊腰帶，走出他的洞穴，強健且燦然，好似旭日升起于黑暗的群山之中……」❸。

〈內業〉強調心形雙修、形德交養，因此提出「修心正形」、「正形攝德」等精闢的命題。不過，在心形兩者的關係上，稷

---

❸ 見尼采代表作《查拉圖斯特拉如是說》最後一個部分（第四部分）的最後一個篇章〈信號〉。

下道家明確闡述了「心」對其他官能具有主導性的作用（〈內業〉：「我心治，官乃治；我心安，官乃安。治之者心也，安之者心也」）。以此，如何修心是他們所關注的一個核心問題。

㈣心神專一的方法

　　所謂「心術」、「內業」，簡言之，即是使精神得以專一的方法。修心之要，在於虛靜、正定，而〈內業〉篇突出地強調培養心意專一的重要性。

　　〈內業〉和〈心術下〉強調心意的專一，如〈內業〉云：「一意摶心」；〈心術下〉云：「專於意，一於心。」它們寫下了這樣發人深省的語句：

> 一物能化謂之神，一事能變謂之智。（〈內業〉）
> 一氣能變曰精，一事能變曰智。（〈心術下〉）

　　司馬談〈論六家要指〉盛讚道家的各種長處，其中一項便是讚賞「道家使人精神專一」。稷下道家此處所謂「一物」、「一事」❹，便是意指專一於事、用心於物。凡事能夠專一心志，投注精神於一事一物，積厚之功日久，熟能生巧，則出神入化，寓新意於變化之中。達到這種美妙的境地，稱之為「神智」。在

----

❹　此處「一」有不同的講解，有的籠統解作「道」，有的作因任講；審諸文義，作「專一」解，於義為長。唐代尹知章注釋「一」為「專一」。今人張舜徽先生從之（詳見《周秦道論發微》，頁238，北京中華書局 1982 年出版）。

這方面，莊周也有許多類似的表述。例如《莊子》筆下所創構的庖丁解牛、梓慶為鐻、痀僂承蜩等寓言，其技藝之精湛神巧，使「見者驚猶鬼神」。其要也都在於「巧專」，以及創造心靈達到「凝神」之境❺。

可見南北道家都同樣地倡導「一物能化」、「一事能變」——靜定其心、專一其意，投注於學藝、事業。不過莊子側重在藝術創作心境的培養，而稷下道家則多用心去修身持性及樹功建業方面。

心志專一所強調的是一種心境上「正」、「靜」、「定」的作用，〈內業〉對於靜定與養性之關係，提出了一項以詩樂文化滋潤心性的重要主張：

> 凡人之生也，必以平正。所以失之，必以喜怒憂患。是故止怒莫若詩，去憂莫若樂，節樂莫若禮，守禮莫若敬，守敬莫若靜。內靜外敬，能反其性，性將大定。

稷下道家認為：人之心性呈現於本然的理想狀態下，應以平和中正為主導，此亦即屢見於《管子》四篇中所謂「和」。道家各派皆重視心性之和，莊子有「心和」之說，並延伸至「天和」（宇宙之和諧）與「人和」（人際之和諧），認為宇宙的和諧與心靈的和諧，實為人際和諧之依據與根源。稷下道家認為人由天地之精氣與形氣和合而生（「凡人之生也，天出其精，地出其形，合此以為人」），並稟賦著天地的平正安寧的質性（「天主正，地主平，人

---

❺ 「巧專」、「凝神」之詞見於〈達生〉。

主安靜」)。以此,〈內業〉認為人的心性當保持和諧、平正的本然狀態(「凡人之生也,必以平正」;「凡人之生也,……和則生,不和則不生」),並認為人應當保持心情的歡暢(「凡人之生也,必以其歡」),力圖消除憂怒情緒的拘著。如此才能「反性」、「定性」——保持諧和的本性。

稷下道家除了要人戒躁、執靜、節欲的通則之外,還特別提出透過詩樂的薰陶,以滋潤人的心靈、提升人的精神境界,並以禮樂教化增進人的文化素養。如是,外敬以守禮,內靜以養心,並濟之以詩樂——這使得稷下道家「反性」、「定性」之說,有了較具體而充實的內涵。

稷下道家十分突顯心意專一和靜定的作用,認為靜定工夫,可以使身心康健,心意專一可對外物起著君臨主導作用。以〈內業〉為代表,稷下道家宣稱靜定可以養成強健開闊、志氣昂揚的人格氣概❻。並近乎誇張地宣說心志專一則「能君萬物」,可以主使外物而不為物使❼。

總之,稷下道家認為心志專一和靜定,可以使人得到「道」,可以使人復性、定性,還可「照知萬物」、「使萬物得度」。這些主張又和其所說的養氣論緊密地聯繫在一起。

---

❻ 〈內業〉云:「人能正靜,皮膚裕寬,耳目聰明,筋信而骨強,乃能戴大圜而履大方」;「能正能靜,然後能定。定心在中,耳目聰明,四肢堅固」。

❼ 〈內業〉云:「執一不失,能君萬物。君子使物,不為物使。」莊子也有類似的話,〈在宥〉篇云:「有大物者,不可以物;物而不物,故能物物」;〈山本〉篇云:「物物而不物於物。」

貳、稷下道家之精氣說

一、道具象化而為精氣說

　　稷下道家繼承了老子道論中的形而上之道，並將之轉化，以「心」、「氣」為主要論述之範疇，泛見於〈內業〉與〈心術下〉，從而成就了中國哲學史上極為著名的「精氣說」。稷下道家之於老子形上之道的繼承，可稱之為「創造性的繼承」，將原本抽象渺遠之道具象化而為精氣。所謂「精氣」，即是指極精靈細微之氣，如〈內業〉云：「精也者，氣之精也。氣，道乃生，生乃思，思乃知。」「精氣」與「道」是異文同義的，如〈內業〉云：「夫道者所以充形也，……其往不復，其來不舍……卒乎乃在於心。」這裡所指的「充形」之道，實指精氣而言。

　　〈內業〉又云：「靈氣在心，一來一逝。其細無內，其大無外，……心能執靜，道將自定。」「靈氣」即是「精氣」，全句意謂若是能夠執守靜定，善加護養，精氣自能留止於心，可見「道將自定」之「道」亦是「精氣」之同義詞。「一來一逝」乃描述精氣之運動 ❽；「其細無內，其大無外」則是謂精氣彌漫宇宙，無所不在。

---

❽　〈內業〉屢言及「鬼神」，把鬼神解釋為精氣之流動，直接影響於〈繫辭〉，〈繫辭〉以精氣變化來解釋鬼神，明顯源於〈內業〉，如曰：「精氣為物，游魂為變，是故知鬼神之情狀」。

二、精氣為生命之源

〈內業〉一開始便提到精氣是萬有本源的說法：

> 凡物之精，此則為生，下生五穀，上為列星。流於天地
> 之間，謂之鬼神；藏於胸中，謂之聖人⋯⋯。

精氣瀰漫於天地之間，充形萬物，人若是吸納精氣愈多，生命力便愈強，智慧便愈高。精氣的留存雖然「忽忽乎如將不得，渺渺乎如窮無極」，可是如果在日常生活中「日用其德」，將精氣所賦予的能量發揮在事業上，便能「德成而智出，萬物畢得」。

敬守精氣，使之不失，其所產生的巨大的作用，能夠成就德性，完養智慧，且使萬物得度❾。故而〈內業〉一再宣揚，人應該虛靜其心，保持摶氣如一，以涵養其生命，便能藉由精氣之助，達到「德成而智出」的聖人氣象❿。

三、摶氣說

《管子》四篇論氣，在思想上首次提倡精氣學說。此外，〈內業〉篇中還有頗多概念，諸如「善氣」、「惡氣」、「雲氣」、「靈氣」、「寬氣」等，皆有特殊之意含。比如說所謂：「善氣」，

---

❾　「萬物得度」類似孟子所說之「萬物皆備於我」，孟子之說或出於此。

❿　「德成智出」是稷下道家所提出的一個重要命題。稷下道家德、智並重的觀念，卻因老子反對智巧而被忽視。

即是將氣之概念予以倫理化❶。「雲氣」即「運氣」，指調息體內之真氣，〈內業〉認為如此便能「意行似天」，使得人之精神意氣，往來自如，自由運行於天宇之間。實際上即是「摶氣」之情境表現。《老子》第十章有所謂「專氣致柔」，意思是集氣至最柔和的境界，「專氣」即後來稷下道家之「摶氣」，〈內業〉有所謂：

> 摶氣如神，萬物備存。
> 內藏以為泉原，浩然和平，以為氣淵。……乃能窮天地，被四海。

虛靜其心，使得精神專一，集氣於中，便能達於如神之化境，窮天地，通四海，使得萬物畢得於一己之內心。〈內業〉中關於諸如此類「摶氣」之後所能達成之境界的描述甚多，如「大心而敢，寬氣而廣」、「寬舒而仁，獨樂其身」等，均是就「摶氣」所達成之人格氣象所作的一種極度誇大的描繪。我們也可以在孟子有關「養氣」的理論中發現，「養氣」基本上是一種氣之內聚的修養工夫，而其展現「萬物皆備於我」的成效則是氣之外放所造成的作用。從由內聚與外放的思考模式來比對孟子與稷下道家，孟子的氣論思想極可能受到稷下道家的影響❷。

---

❶ 反觀莊子之氣論與此則大不相同，莊子認為「氣」是構成物體的基本原質，即使在「心齋」的意義下談及「養氣」之說，也完全散發著藝術之心境，並不賦予「氣」任何倫理意含。

❷ 孟子談「氣」，是受了稷下學人告子的引發，告子或許是稷下道家

　　總之，稷下道家的心氣說有這樣的一些特點。首先，將形
上之道具象化而為精氣，他們視精氣為一切生命之源，認為護
養精氣不僅能使人健康、長壽，更可以積德成智，養育出一種
昂然開闊、頂天立地的人格氣象。其「摶氣說」直接影響孟子；
其「化不易氣」的命題，在哲學史上具有重要的影響。

的成員之一。孟子的心氣說不僅是受人引發而非出於主動、自動
的，而且從《孟子》整本書來看，它的氣論是偶發性的，而《管
子》四篇則是系統性的論述（參看白奚，〈管子心氣論對孟子思想
的影響〉，陳鼓應主編《道家文化研究》第六輯）。孟子氣論受稷
下道家影響，除郭沫若作品外，請參看白非馬〈管子‧內業集注〉
（載《管子學刊》，1990 年第 1 期），陳鼓應〈道家在先秦哲學史
上的主幹地位〉（載《道家文化研究》第十輯）。

《管子》〈形勢〉諸篇的黃老思想

　　彙編到《管子》書中的稷下道家作品，約有十餘篇，其中最引人注目的莫過於〈內業〉、〈心術上〉、〈心術下〉及〈白心〉四篇——當代學者習稱為《管子》四篇。此外，〈宙合〉、〈樞言〉常被研究黃老的學者討論到，〈水地〉由於提出「水為萬物本原」之故，也常被提及❶。惟〈形勢〉很少被學者討議在內，它可能是《管》書所收集的稷下道家作品中成書最早的一篇，內容頗具黃老學的特色。因而，筆者在討論《管子》四篇之餘，亦對〈形勢〉等篇加以探討。

　　筆者以為《管子》四篇（〈內業〉、〈心術上〉、〈心術下〉及〈白心〉）確可視為稷下道家代表作，無論各篇的獨特性或彼此間的聯繫性，都可說是一組相當完善的組合，而且四篇的整體思想也最切合司馬談〈論六家要指〉所論述的黃老道家思想特色。而〈形勢〉、〈宙合〉、〈樞言〉及〈水地〉諸篇，則可與〈內業〉等四篇相互彰顯，同時也可從其中窺見老學發展到黃老學的思想線

---

❶　《管子》四篇（〈內業〉、〈心術上〉、〈心術下〉、〈白心〉）被視為稷下道家最重要作品，學界已形成共識，如馮友蘭《中國哲學史新編》（臺北：藍燈出版社，1991，頁215）論稷下道家黃老學便以四篇為代表，同時也引〈樞言〉、〈宙合〉、〈水地〉文字以申論稷下黃老精氣說。

索，故而筆者擬專文介紹，以增進我們對稷下道家思想內涵的
認識。下文對〈形勢〉、〈宙合〉、〈樞言〉、〈水地〉各篇中黃老
思想的特點，分別加以闡釋。

壹、〈形勢〉篇黃老思想的特點

〈形勢〉由地形之勢態喻人主之勢位。本篇主旨在論君道
宜如何善用勢位。此外提出「主功有素」、「道定萬物」及「德
威並用」等君道思想，茲分述如下。

一、「虎豹託幽」 —— 論勢

〈形勢〉開篇便以「蛟龍得水」、「虎豹託幽」，隱喻君道之
重勢。接著申言天地四時自然運行有其規律（「常」、「則」），人事
亦然。在上者，理民的常則即是抱道執度（所謂「上無事，則民自
試；抱蜀（獨）不言，而廟堂既修」）。

　綜觀先秦論「勢」，可分三派：㈠以道攝勢派：〈形勢〉首
論「勢」，而繼之以「無事」、「無言」、「無為」之道。無為之道
綱領全篇，統攝勢。㈡以賢攝勢派：《荀子·勸學》：「西方有木
焉，名曰射干，莖長四時，生於高山之上而臨百仞之淵。木莖
非能長也，所立者然也」，此論勢；〈彊國〉篇又說「處聖人之
勢，得聖人之道，天下莫忿，湯武是也；處聖人之勢，不以聖
人之道，厚於有天下之勢，索為匹夫不可得也，桀紂是也。然
則得聖人之勢者，其不如聖人之道遠矣」，此說「聖人之勢」不

及「聖人之道」；〈君道〉篇說「明主急得其人，而暗主急得其勢。急得其人，則身佚而國治，功大而名美，上可以王，下可以霸；不急得其人而急得其勢，則身勞而國亂，功廢而名辱，社稷必危」，此論「聖人之道」即尚賢之道。㈢任勢輕賢派：《韓非子・難勢》先引用《慎子》「飛龍乘雲，騰蛇乘霧，雲罷霧霽，而龍蛇與螾螘同矣，則失其所乘也。賢人而屈於不肖者，則權輕位卑也；不肖而能服於賢者，則權重位尊也。堯為匹夫，不能治三人；而桀為天子，能亂天下。吾以此知勢位之足恃，而賢智之不足慕也」，然後說「夫賢、勢之不相容亦明矣」、「勢之足用亦明矣」。

由此可見，黃老雖然重勢，卻屬於以道攝勢派，而異於法家之任勢輕賢。

二、「主功有素」 —— 無為而治

〈形勢〉首章便出現許多道家常用語彙，如「無事」、「抱獨」、「不言」、「獨有」❷。「無為」、「無事」、「不言」，皆《老子》常用語詞，暗喻人君不以主觀意志行事。〈形勢〉作者則將它引向闡發黃老之君道，並提出「夜行」、「主功有素」等黃老政治哲學的重要概念與命題。

「主功有素」❸，是說君主的功業成就在於保持素心素行。

---

❷ 「抱獨〔蜀〕」，即《老子》「抱一」。「獨有」概念見於《莊子・在宥》云：「明乎物物者之非物也，豈獨治天下百姓而已哉！……獨往獨來，是謂獨有。獨有之人是謂至貴」。

❸ 「主功有素」之上下文句脈絡原是：「犧牲圭璧，不足以饗鬼神；

「素」，為《老子》所推崇（第十九章：「見素抱樸」），故而素心即虛心，保持心境之虛，即保持開放的心胸；素行，即是「無為而治」。黃老的無為而治，就是依君道分工原則：人君抱道執度，臣下則分職任能而行事。

三、以「道定萬物」—— 論道之用

〈形勢〉除了以老子的「無事」、「不言」而引申出「主功有素」的君道思想外，還吸收了《老子》「戒矜伐」❹ 及其「施予」❺ 的觀念，從而倡言：「伐矜好專，舉世之禍也」；「能予而無取者，天地之配也」。

萬物本原之「道」，是道家各派所共同推崇的，〈形勢〉亦論及之。其言曰：

> 道之所言者一也，而用之者異。有聞道而好為家者，一家之人也；有聞道而好為鄉者，一鄉之人也；有聞道而好為國者，一國之人也；有聞道而好為天下者，天下之人也。有聞道而定萬物者，天地之配也。道往者其人莫來，道來者其人莫往。道之所設，身與之化也。持滿者

主功有素，寶幣奚為。」主要是在說用牛羊玉璧獻祭，不一定會得到鬼神的庇佑；名主成就事功在於保持空靈的心境，而不在於用玉器錢帛厚祭神靈。故正文中所謂「主功有素」，因之而指涉為「君主的功業成就在於保持素心素行」。

❹　《老子》第二十二、二十四章。

❺　《老子》第七十七、八十一章。

　　　　與天，安危者與人。先天之度，雖滿必洇；上下不和，
　　　　雖安必危。

　　道體一，而其用多方。在道的體用問題上，此處著重在道
之用。道之用，由家而鄉而國而天下的次序，與老子論道的流
衍擴散的次序完全一致❻，而道的施用範圍之大小，黃老作品
常有此論，如《黃帝四經‧道原》云：「小以成小，大以成大」，又
如《黃帝四經‧十大經‧前道》云：「正道不殆，可後可始。乃
可小夫，乃可國家。小夫得之以成，國家得之以寧；小國得之
以守其野，大國得之兼併天下。」

　　〈形勢〉作者以「道定萬物」為最高層次──即可達於「天
地之配」的高度。所謂以「道定萬物」，意為道可使一切物種皆
能正定其性。

　　「道之所設，身與之化」，意為道之所在，讓人們參合於它
的運動變化。老子有言：「反者道之動。」道體之動為「周行而
不殆」，所謂「身與之化」，即人之自強不息，乃體現道之周行
不殆。

　　再則所謂「持滿者與天，安危者與人」，其意為使完滿保持
守定，乃契合天道；使危亡轉為安泰，則需順應民心。黃老論
天人關係，倡言天道與人道之相合，其託天道乃在明人事，而
論及人事，此處強調上下要「和」。和諧觀念──無論「天和」、
「人和」或「心和」，均為道家各派所極度重視❼。

<hr />

❻　《老子》第五十四章。
❼　參看拙文，〈道家的和諧觀〉，刊在陳鼓應主編《道家文化研究》

四、德威並用

〈形勢〉有言:「且懷且威,則君道備矣。」

〈形勢〉講威勢,亦宣揚懷德。德威並用,是黃老君道的重要主張,黃老帛書《黃帝四經》屢言之,如〈十大經・果童〉說:「靜作相養,德虐相成。」〈十大經・姓爭〉說:「刑德皇皇,日月相望,以明其當。天德皇皇,非刑不行;繆(穆)繆(穆)天刑,非德必傾。刑德相養,逆順若成。刑晦而德明,刑陰而德陽,刑微而德章(彰)。」在「刑德相養」之中,黃老又提倡「先德後刑」,這是黃老道家和三晉法家的不同處。

〈形勢〉採格言式體裁,體例與帛書《黃帝四經・稱》相近。篇中章節之間所表述的內容,並無一定聯繫。上文採其要項闡釋之。此外,另有數則警句,簡介如後:

㈠貴重:其言曰:「道之用也,貴其重也。」這是暗諭人主行事宜慎重,行為宜厚重。

㈡戒獨:其言曰:「獨王之國,勞而多禍;獨國之君,悲而不威。」所謂「獨王」,是說專斷獨裁的君主;「獨國」,是指孤立的國家。此處告誡主政者不可專斷獨行。

㈢異趣同歸:其言曰:「疑今者察之古,不知來者視之往。萬事之生也,異趣而同歸,古今一也。」歷史是過去的現在,所以說察古視往可以為現在借鑑,也可為未來參照,這是富有歷史意識的話語,道家多有此論,如《列子・說符》謂:「觀往以知來」;《黃帝四經・稱》曰:「觀前知反。」《周易・繫辭》云:「彰往而察來」,乃同一思路。

第十五輯,北京三聯書店 1999 年出版。

本篇開篇說:「天不變其常,地不易其則,古今一也。」結語謂:「異趣而同歸,古今一也。」而本章開首曰:「道之所言者一也,而用之者異」,此處歸結為「異趣同歸」。「異趣同歸」之說,反映了百家爭鳴而百谷匯江海之旨,這精神為〈繫辭傳〉所繼承(〈繫辭下〉云:「天下同歸而殊塗,一致而百慮」)。

(四)「夜行」、「心行」:「夜行」、「心行」為黃老獨特概念❽。「夜行」見於篇首,「心行」見於篇末,其言曰:「召遠者使無為焉,親近者言無事也,唯夜行者獨有也」。「四方所歸,心行者也。」「夜行」與「心行」同義❾,默而行道之意。「夜行」或釋「陰行」,這是就道的性狀而說;「心行」則是就道的應用而言。道之行貴在微晦,故微晦而行用道者謂之「夜行」;微晦行道而不著,則莫過

貳、〈宙合〉篇黃老思想的特點

〈宙合〉體裁特殊,為綱目體。第一部分為經,提出十四條綱要;其他則分章作解。〈心術上〉亦分經和解,文體結構和本篇相同。本文將經文和解文合併,闡釋其要義。

---

❽ 本篇「夜行」概念為《鶡冠子》所繼承。今本《鶡冠子》第三篇篇目即為〈夜行〉,篇末云:「聖人貴夜行。」

❾ 〈形勢解〉以「能心行德」釋「夜行」。

一、君佚臣勞

〈宙合〉經文文義多隱晦，而解文的闡發則觀念彰顯明確。
首章經文：「左操五音，右執五味。」此乃隱喻上下職責之別，
解文則明確指稱：「此言君臣之分也」；進而提出「君佚臣勞」
的觀念。其言曰：

> 君出令佚，故立於左；臣任力勞，故立於右。……君臣
> 各能其分則國寧矣。

這裡首次提出黃老政治哲學中一個重要的主張：「君佚臣
勞。」

「君出令佚」、「臣任力勞」，黃老強調國君的職責在於掌握
重大政策而依法行事，各級官吏則依其職能來分層負責處理政
事。這是根據君臣分工原則而提出的。

君主要在掌握政策發出政令。此外，主觀方面，要克制自
己的私欲（「無齊（濟）其欲」），不要親近自認為是的人（「無獨與是」），
對臣民要做到「施而無私」。客觀方面，要做到所出令號沒有違
法（「出令無妄」），並且要順應各種客觀情況，顧及不同階層人的
利益和願望，這樣才能取信於民，獲得各級人等的認同而達到
社會人心和諧之境——所謂「不同聲而能調」、「不同物而能和」。
若主勞臣逸，上下權職不明，則易導致政局不安，經濟下滑，
人心動盪。

二、章道以教，明法以期

「懷繩與准鉤，……是唯時德是節。」經文以「繩」、「鉤」隱喻法度；解文則顯說制度舉措（「制舉」）。

制度法規需由人來運用，則人的素質有待提高。故而「章道以教，明法以期」，成為首要任務。

高素質的執法者，此處稱為「聖人」。解文曰：「天淯陽，無計量；地化生，無涘匡。所謂是而無非，非而無是，是非有，必交來。……聖人博聞多見，畜道以待物；物至而對形，曲均存矣。……言徧環畢「善」，莫不備得。……成功之術，必有巨獲；必周於德，審於時。時德之遇，事之會也，若合符然。」

這裡對執法的主政者提出了幾方面的期許：

一是主政者需體認天地化育之功，以培養化育萬民的心懷（所謂「天淯地化」正是老子「道生德畜」精神的引申）。

二是主政者需「博聞多見」，畜養道心以迎接所出事物（「畜道以待物」）。

三是主政者不可混淆是非，要了解「是」的可行性，同時要認識是與非的相對關係。所謂「是非必有交來」，「交來」即是交並而來，這有如老子所說「有無相生」、「高下相傾」，用以說明事物的對待關係。一方面要了解世間常有許多難以察見的因素會突然降臨，同時要認清局部與全體的狀況，並對偏與全的關係審慮周詳以衡量其輕重急緩。

再則主政者「必周於德，審於時」。〈宙合〉強調法度與時德的重要性。解文認為：成功之道，在於屬行法度❿，其關鍵

---

❿ 成功之術，必有巨獲。「巨獲」讀為絬鑊，即法度。

則在「時」、「德」。所謂「德」，即指主政者的品德修養與見識。所謂「時」，意指明察時代的動向、客觀情勢以掌握民心背向。

　　總之，主政者「明法以期」之外，尤要「章道以教」。重教化，是稷下黃老和齊法家的一個重要的傳統。

三、操分葆統

　　引法入道是稷下黃老在先秦道家陣營中的一個突破性的發展。

　　自古以來，「法制」也者，常流於統治者以法制人而自身卻超然於法外。政權掌握在誰手上，誰就壟斷了發言權，並制訂法規維護自身而框牢敵對者及範限民眾。老莊針對這種現象多所抨擊。法律本身不會說話，制訂出來，用以制人或服務於人，全賴掌權者的詮釋。因此法度綱紀建立的同時，亦需重視掌權者的品德修養和素質提升。稷下道家則較著眼於這些方面。

　　〈宙合〉經文云：「正而（爾）視，定而履，深而迹。」意為端正人的品行、深化人的修養，其語境意義則謂主政者宜公正審案、堅定職守、行事踏實。解文則進一步提出「操分葆統」。所謂「操分」，即是操持名分；「葆統」，即是保持綱紀。〈宙合〉作者強調在上者要能「操分葆統」，世人才能「循理」而進。

四、指意要功

　　「操分葆統」之外，稷下道家提出「指意要功」的觀點。

　　〈宙合〉經文云：「可淺可深，可浮可沉，可曲可直，可言可默。天不一時，地不一利，人不一事。」其意為天地間事，形

態各別，內涵不一。人事亦然，故淺深、浮沉、曲直、言默，均當宛轉隨宜。

「天不一時，地不一利，人不一事。」這說明世事的多樣性，道家多有此論❶，而〈宙合〉作者別將「天不一事」、「人不一事」的道理，引申為黃老著名的職能分工的論點，即為政當各司其職，各盡其宜（「各有其司」、「事之不可兼之」）。解文並提出「指意要功」之說❷，認為主政者行事需抉擇要意以求取功效。作者並進而論說明察於事者，廣通於道，不拘泥於某一個別之物。而通道的人能照顧到多方面（「殊方」），並廣舉多方的事例，比較它們的功效（「多為之說，而況其功」）。

五、易政利民

人治之弊，需尚法以謀救濟。然徒法不足以自行，除提升執法者的素質外，尤需營造一個平和的政治空氣。於此〈宙合〉作者特別提「政易民利」的呼籲。

經文云：「讁充末衡，易政利民」❸。此由心中充實，耳目平衡，而言及「易政利民」。

---

❶ 如《莊子‧至樂》云：「聖人不一其能，不同其事」；《列子‧天瑞》謂：「天地無全功，聖人無全能，萬物無全用。故天職生覆，地職行載，聖執教化，物職所宜。」。

❷ 「指」，應讀稽，計也。「要」同「邀」，求取之意。「稽意」即抉擇其要意。「邀功」即求其最佳功效（據于省吾《管子新證》之說）。

❸ 「讁」，當讀為「中」，謂心。「讁充」，中充，即心實。「末」，謂耳目。「衡」，平正。

經文由身正而隱喻國治，解文發揮此義，由身體官能之各有所司，突出心的特殊作用。其言曰：「中正者，治之本也。耳司聽，……目司視，……心司慮，……聰明以知則博。」這裡說到心和耳目各有所司，認為心具有思考、語言和知識的特殊功能，且為「治之本」。如此，則與〈心術上〉相近，該篇開宗明義地說：「心之在體，君之位也；九竅之有職，官之分也。心處其道，九竅循理，……」。〈心術上〉以心與形之不同作用，譬喻君與臣之不同職分，旨意更為明確。

〈宙合〉論「心司慮」時，強調要慎言、重知。「重知」，為黃老派特點❶，先秦道家中，老莊較留意它的負面作用，黃老則著重它的正面意義。

再則，〈宙合〉解文謂：「聰明以知則博，博而不惛，所以易政也。政易民利，……政險民害，……。」此言主政者要明智，明智才能博採眾議，而廣開言路是創造寬鬆政治環境的重要條件。

六、與變隨化

道家的政論與人生論，和它的宇宙觀是相應的，〈宙合〉作者提出「與變隨化」、「合絡天地」的命題，正是道家宇宙觀的反映。

〈宙合〉經文云：「不用其區區，鳥飛准繩。」其意為聖人之治，不用區區小術，要有開闊的眼光；鳥的飛行雖有曲折卻無礙大道，可作為人的行為的準繩。解文將經文分兩段詮釋。

---

❶　重智（「知」）說，另見於〈樞言〉、〈心術上〉等篇。

「不用其區區」，經文原意為主政者當棄小術而因時作為，解文則從「虛」、「與時隨化」及「參於天地」三方面闡發。

解文曰：「『不用其區區』者，虛也，人而無良焉，故曰虛也。」所謂「不用其區區」，原本意含著主政者不拘限於狹窄的地域觀念，不囿於族群意識，解文則突出「虛」，而以「人而無良❶」來解釋「虛」，告誡攬權在身的主政者切勿流於妄自尊大，故而此處專就「虛己」而言「虛」❶。「虛己」之外，要因時，要與時隨化——參與時代的變革，因應事物的發展。

理想的主政者，要在持守「虛」道，因時而「與變隨化」，乃能與天地精神相參配。所謂「聖人參於天地」，此乃以主政者德澤長流而滋潤普施萬物（「德之潤澤均加於萬物」），被讚許為達於天地的境界。

〈宙合〉謂「聖人參於天地」，〈形勢〉嘗言：「必參於天地」、「天地之配」；馬王堆黃老帛書《黃帝四經》亦言：「天下太平，正以明德，參之於天地，而兼覆載而無私也」。黃老這種「參於天地」的精神，為《中庸》所直接繼承❶。

〈宙合〉經文所謂「鳥飛准繩」，解文以偉大人物行為之義理來闡釋，寫出這一富有哲理的警語，如「苟大意得，不以小

---

❶　「無良」，不以己為能，即不自逞其能。

❶　「虛己」之義，見於《莊子・山木》。

❶　《中庸》：「可以贊天地之化育，則可以與天地參矣。」此處「與天地參」思想，直接源於黃老道家。《中庸》一書，其思想觀念不少承自道家，詳見拙文，〈道家在先秦哲學史上的主幹地位〉，刊在陳鼓應主編《道家文化研究》第十輯，上海古籍出版社1996年版。

缺為傷」、「千里之路，不可扶以繩；萬家之都，不可平以准」、「大人之行，不必以先常」。

先秦諸子，言論多出於救世心懷。戰國中晚期，在現實政治層面上，法家和儒家的對立常出現改革與保守之爭。小儒拘拘，常泥於固常，〈宙合〉此處宣稱：「大人之行，不必以先常」，呈現了黃老與法家人物改革的魄力。

七、「合絡天地」 ── 宇宙意識

孔子以泰山為高，莊子眼中則以「太山為小」❶⑧。戰國時人的世界眼光，從《莊子》的〈秋水〉和〈天下〉篇所描繪的宇宙之無限性可得知，稷下道家亦然❶⑨，其言曰：「『天地，萬物之橐也，宙合有橐天地』。……宙合之意，上通於天之上，下泉於地之下，外出於四海之外，合絡天地，以為一裏。散之至於無間，……是大之無外，小之無內。……多內（納）則富，時出則當。而聖人之道，貴富以當。……應變不失之謂當。」

〈宙合〉即合絡宇宙，篇題立意於此。所謂「宙合之意」：「合絡天地，以為一裏」、「大之無外，小之無內」，弦外之意，

---

⑱　《莊子‧齊物論》。

⑲　《莊子‧秋水》云：「計四海之在天地之間也，不似礨空之在大澤乎？計中國之在海內，不似稊米之在大倉乎？」這裡對宇宙的無限性與具體事物的局限性的描繪，在古代思想史上確是罕見的。〈天下〉篇載惠施言：「至大無外，謂之大一；至小無內，謂之小一。」這說法亦屢見於稷下道家作品，如〈內業〉云：「其細無內，其大無外」，〈心術上〉云：「其大無外，其小無內。」

主政者當胸懷宇宙而立足中國、放眼世界。「多納」、「時出」等語，乃總結全篇主旨，主政當局宜廣納眾議，以民意為依歸；政舉發佈，當合時宜，如此應時而變，謂之「當」。「當」是黃老道家喜用的一個特殊概念。

參、〈樞言〉篇黃老思想的特點

〈樞言〉即樞要之言，將修身治世之語錄集結成篇。全篇似乎並沒有一個中心主題，但篇中提出不少重要的論題和觀念，茲擇要分述如下。

一、氣的重要性

〈樞言〉開篇托言於管子曰：「道之在天者，日也；其在人者，心也。」接著說：「有氣則生，無氣則死，生者以其氣；有名則治，無名則亂，治者以其名。」

篇首推崇作為宇宙實體、萬物本原的「道」，在自然界就如太陽之照耀人間，在人身則有如心之主導生命。而生命的維持有賴於「氣」，社會秩序的維護則有賴於「名」，所以說：「生者以其氣」、「治者以其名」。

中國哲學史上，有關古代氣論的討論，學者們總會引述《莊子》外篇〈至樂〉和〈知北遊〉的論點。〈至樂〉載莊子妻死，忘卻死亡之憂，以為生死乃氣的聚散❷。一如〈知北遊〉所說：

---

❷ 見《莊子·至樂》「雜乎芒芴之間，變而有氣，氣變而有形，形變

「人之生，氣之聚也；聚則為生，散則為死。」〈樞言〉也簡明地說：「有氣則生，無氣則死，生者以其氣。」〈樞言〉此處標出「故曰」，明示引述他人之言，其本於《莊》書不無可能。

二、陰陽兩生參視

　　道家的萬物生成論是以陰陽為基本範疇，〈樞言〉提出了「陰陽兩生參視」的重要命題。其言曰：「凡萬物陰陽兩生而參視，先王用其參而慎所入所出。以卑為卑，卑不可得；以尊為尊，尊不可得；桀、舜是也。先王之所以所重也。」

　　這是對《老子》第四十二章萬物生成論的概括。「陰陽兩生」，即老子所謂「萬物負陰而抱陽」；「參視」，即是說萬物稟陰陽而生 ❷。惟〈樞言〉此處並非意在探討萬物生成。而在強調考察事物的對待關係，故下文云：「先王用其參而慎所入所出。」「參」同「三」，「出入」，指相互對待的兩個方面。其上下文義是談萬物發生乃遵循著由陰陽這兩個相互對待的因素相生而成的第三個事物的序列，所以先王根據這合成的第三個事物的內在性質去慎重觀察其中所包含的相互對待的兩個方面。

三、天地人各有所「使」

　　先秦道家常論及天地人關係，黃老道家的特點是在他們的整體性中強調其各有所司，這是由於主張職能分工的緣故。如

──────────

　　　而有生，今又變而之死」。

❷　「參」即「三」；高誘注：「視，活也」。故「陰陽兩生而參視」，
　　其意為陰陽兩者相合，繼而形成第三種新生事物。

〈樞言〉說:「天以時使,地以材使,人以德使,鬼神以祥使。」天、地、人、鬼神並列,屢見於黃老文獻,影響到〈彖傳〉。如黃老帛書〈十大經·前道〉云:「聖人舉事也,合於天地,順於民,祥於鬼神」;〈十大經·行守〉云:「天有恆幹,地有恆常,與民共事,與神同光。」〈彖傳·謙辭〉亦以四道並陳:「天道虧盈而益謙,地道變盈而流謙,鬼神害盈而福謙,人道惡盈而好謙。」

四、尚陽說

先秦儒家罕見「陰陽」,《論》、《孟》未及一見,《老子》貴柔,可說尚陰;尚陽之說,則見於黃老作品。如《文子·上德》曰:「陽滅陰,萬物肥,陰滅陽,萬物衰;故王公尚陽道則萬物昌,尚陰道則天下亡」,此說或本於〈樞言〉,其言曰:「先王用一陰二陽者,霸;盡以陽者,王;以一陽二陰者,削;盡以陰者,亡。」這是古代尚陽說的一則珍貴的文獻。由尚陽而尚剛,亦可由此看出〈彖傳〉思想觀念發展的線索。

五、人之心悍,故為之法

諸子起於禮崩樂壞的時代,百家對禮法之治則各抒己見,老莊常從治者用之以箝制人心的立場發表議論,道家的黃老一系列則多從政治功能與社會作用角度加以倡導。〈心術上〉解文有一段論及禮法與道的關係,曰:「禮者,因人之情,緣義之理,而為之節文者也。……事督乎法,法出乎權,權出乎道。」〈樞言〉也有一段類似的說法,其言曰:「人故相憎也,人之心悍,

故為之法。法出乎禮，禮出乎治。治、禮，道也。萬物待治，禮而後定。」

　　兩者對比，都認為禮、法出於道，這是稷下道家在「道」的前提下引進禮法以治世的共同主張。〈心術上〉著重說禮之因順人情的重要性，並兼顧情與理的平衡。禮和法的關係，似乎平行對待。而〈樞言〉則明確說「法出於禮」，並對法的設施，乃因人心本「悍」而相生憎惡，故需立法以制之，這說法一方面論及法律制定的緣由，另方面探及人心本質的問題。所謂「人故相憎」、「人心之悍」，此說或為荀子性惡論之所本。

肆、〈水地〉篇黃老思想的特點

　　〈水地〉在中國哲學史上首次提出「水為萬物本原」的學說，這學說的問世雖晚於希臘第一位哲學家泰勒斯，但泰勒斯僅遺留片語隻字，而〈水地〉則有著周詳的論述。

　　由於 1998 年湖北郭店竹簡〈太一生水〉的公佈，〈水地〉更受到學者的討論。〈太一生水〉古佚書的問世，使學界關注到古代道家的宇宙生成論及本原說，除了尚氣這一系統外，還有尚水說這一系向來被忽視。〈水地〉尚水外，還論及稷下道家另一重要的「精氣」概念。

　　尚水說可源於老子，《老子》貴柔，以為水性柔能勝剛（見第七十八章），「以其善下」，故能納眾（見第六十六章），並盛讚「水善利萬物而不爭；處眾人之所惡，故幾於道」（第八章）。《老子》

以道為萬物本原，〈水地〉乃以「幾於道」的水，為萬物本原，可見〈水地〉與老子哲學思想有密切聯繫。

一、水者地之血氣

　　〈水地〉開篇論水和地的重要性，謂「地」為各種動植物生命畜養的苑囿（「諸生之根菀」），「水」則是大地的血脈（「水者，地之血氣」），接著申述水性材美具備（「水具材」），具有仁、義、精、正、卑下等美德❷。

　　〈水地〉作者盛讚水對萬物的功用；指出萬物取度於水，眾生取足於水，各物得水而豐華茂盛、文理彰著。

二、男女精氣合而水流形

　　〈水地〉提出一則「精氣合而水流形」的說法，其言曰：「人，水也。男女精氣合，而水流形。」

　　所謂「男女精氣合，而水流形」，這是說男女合精而稟賦生命，生命則於水中流動成形。這裡，再度強調水在作為萬物之靈的人的生命中的重要性。

　　稷下道家在中國哲學史上以其提出精氣說而受到學者的注意。若〈水地〉成書早於〈內業〉，則「精氣」概念為古代文獻中之首出者。而「男女精氣合」的命題，則屬於道家萬物化生論的範圍❸。

---

❷　馮友蘭先生說：「〈水地〉篇和《老子》不是說水也有道德的屬性，他們只是說，水有這些屬性，人的道德屬性可以為法。」（《中國哲學史新編》第二冊，頁202，北京人民出版社1984年版）

三、水者萬物之本原

篇首說:「地者萬物之本原,諸生之根菀也」,而通篇則論證水為「萬物之本原也,諸生之宗室也」。由於地是現象界中承載萬物最巨大的形體,地之所以能成為各種生物植根的園地,歸根結底,有賴於水的滋養。水在大地就如血液在人體中流動,它「集於天地而藏於萬物」,成為從自然界到生命世界不可或缺的基質。

〈水地〉作者從金石、鳥獸到人類,論證了水的「無不滿,無不居」。金石中以玉為例,玉之所以為人所貴,由於它具有九種高貴的品質,而「九德」的形成,都離不開水分。動植物亦然,「集於草木,根得其度,華得其度」,「鳥獸得之,形體肥大,羽毛豐茂」。至於人類,乃因男女精氣交合,也是由水流佈而形成胚胎,發為九竅。總之,「萬物莫不以生」,而萬物之充滿生機,保持常態,正是由於水適度地內含於其中的緣故(「萬物莫不盡其幾,反其常者,水之內度適也」)。

四、水質與民性

〈水地〉篇末出現一段有關水質形成民性的論述:

> 夫齊之水,道躁而復,故其民貪麤而好勇;楚之水,淖弱而清,故其民清票而敢;越之水,濁重而洎,故其民

---

❷ 如《列子‧天瑞》:「天地含精,萬物化生。」道家精氣化生萬物說,為《易傳》所本,如〈繫辭〉云:「天地絪縕,萬物化醇;男女構精,萬物化生。」

愚疾而妒；秦之水，泔取而稽，淤滯而雜，故其民貪戾，
罔而好事；齊晉之水，枯旱而運（渾），淤滯而雜，故其
民諂諛葆詐，巧佞而好利；燕之水，萃下而弱，沉滯而
雜，故其民愚戇而好貞，輕疾而易死；宋之水，輕勁而
清，故其民簡易而好正。

這段文字，十分特殊，為古代文獻中首次看到地區水質與
民性關係的論述。這段論述，不僅反映了〈水地〉作者對各國
地區的水質影響民風作了一番客觀的考察，另方面也透露了作
者對各地區民性民情的論斷有著主觀的評價。從這段水質與民
性的論述與評價中，透露了兩個重要的訊息，一是從各種民性
的評價中，可以窺見〈水地〉作者的籍屬問題；二是從論述中
所羅列的各諸侯國中，可以判斷作品成書的時代。

〈水地〉論述中列舉了七個諸侯國，即齊、楚、越、秦、
晉、燕、宋。從這東周諸國並列中，顯示出作品產生於戰國時
代。春秋時期的魯、衛、陳、蔡，都已退出歷史的舞臺；吳越
稱雄的年代亦已成過去，可見〈水地〉不可能成於春秋末期，
它應出現於戰國七雄並起的年代。惟舊本文中有多處傳抄時衍
誤，如「齊之水」文後復出現「齊晉之水」，「齊晉」之「齊」
顯是衍文，黃釗教授曾有專文考訂，指出「齊晉之『齊』乃『參』
（即『叄』字）之誤，因『參』，古寫作『叄』，『齊』，古寫作
『𪓐』，兩字僅一筆之差，形極相似，故誤」❷❹。黃文考證〈水

---

❷❹ 見黃釗〈「管子・水地」考論〉，刊在陳鼓應主編《道家文化研究》
第二輯，上海古籍出版社 1992 年出版。

地〉可能成文於西元前 376 年至西元前 355 年之間，時當戰國中期。

　　〈水地〉主旨在於論證水為「萬物之本原」，而作者仍不忘其治世之意，故文末倡說「水一則人心正，水清則民心易」，結語則諄諄告誡世人：「聖人之治於世也，其樞在水」。這正昭示黃老治世的心懷！

伍、〈形勢〉諸篇與老學思想的淵源

　　稷下道家在學術淵源上屬於戰國道家的黃老一系，這一系人物以老子哲學為基礎，發展出一套富有時代精神的治世思想。司馬談〈論六家要指〉所推崇的道家，主要指黃老這一系。論其宗旨，以治身為本而以治世為目的，其治世之方，一是「以虛無為本，以因循為用」，二是「與時遷移，應物變化」，三是君道要在君臣分工──主上無為而臣下有為，四是採各家之長。〈心術〉等四篇內容，正反映了〈論六家要指〉所論述的道家旨意，而〈形勢〉、〈宙合〉諸篇，也有著個別部分不同程度的體現。

　　〈形勢〉諸篇的黃老思想，已分篇闡述如上。這裡再從道家內部流派上作兩個方面的思想聯繫：一是從〈形勢〉諸篇與老學的淵源上，看老學發展到黃老之學的思想線索；二是從〈心術〉等篇為參照點，對比其共通性。先說前者：

一、論 道

老子首創萬物本原的道，為戰國道家各派所共同推崇，〈形勢〉諸篇也不例外。

〈形勢〉云：「道之所言者一也，而用之者異」，道體為一而所用不同——聞道有用之於家，有用之於鄉，有用之於國，有用之於為天下。〈形勢〉並從無為、自然、無形之觀點以言用道，謂：「其道既得，莫知為之；其功既成，莫知其澤之；藏之無形，天之道也。」此論道之用，均與老義相和。

〈宙合〉謂：「道也者，通乎無上，詳乎無窮，運乎諸生。」所謂道上通無限，廣及無窮，即是《老子》「道大」的表述❷❺；老子言道意在施用❷❻，〈宙合〉所謂「運乎諸生」，以及〈樞言〉所謂：「愛之、利之、益之、安之，四者道之所出」，〈水地〉所謂：「卑也者，道之室」，無不著眼於道之用。

二、戒矜伐

老子以「謙下」、「取後」之風傳世，其著書屢在告誡人君勿自矜自伐❷❼，黃老學者做了廣泛的發揮。如〈形勢〉謂：「伐矜好專，舉世之禍也。」〈宙合〉謂：「以琅湯〔浪蕩〕凌轢人，人之敗也常自此。」「故盛必失而雄必敗。」〈水地〉謂：「人皆赴高，己獨處下，卑也。」〈樞言〉謂：「帝王者，審先所後，先民

---

❷❺ 《老子》第二十五章：「大曰逝，逝曰遠，……故道大，……。」

❷❻ 見《老子》第四章「道沖而用之或不盈」；第六章「緜緜若存，用之不勤」。

❷❼ 《老子》第二十四章：「自伐者無功，自矜者不畏。」

與地，則得矣，先貴與驕，則失矣。」這正合《老子》「富貴而驕，自遺其咎」之警惕，凡此皆可見黃老繼承老子之遺教而諄諄告誡人主驕矜必失的道理。

三、「無事」、「不言」之引申

〈形勢〉諸篇，除了共同發揚老子之道及戒驕矜之說外，我們還可看到各篇對老義有不同的引述。如〈形勢〉援老子「不言」、「無事」之旨意，以引申其君上無為而臣下有為的主張。《老子》的警句：「五色令人目盲，五音令人耳聾，……馳騁畋獵令人心發狂。」(第十二章)〈宙合〉用以警惕君主勿貪取耽樂，其言曰：「上之亡其國也，常逼其樂，立優美，而外淫於馳騁畋獵，內縱於美好音聲。」〈樞言〉多處闡釋老義，如謂：「為善者，非善也。善無以為也。」這是援用老子無心而為之意❷。又如：「貴之所以能成其貴者，以其貴而事賤也。」這是《老子》「貴以賤為本」(第三十九章)之義。再如〈樞言〉有句著名的哲學命題：「凡萬物陰陽兩生而參視」，這是對《老子》萬物生成論的總結❷。〈水地〉則全篇在讚揚水性，與老子思想尤有密切關係。篇中「廉而不劌」之語正引自《老子》(第五十八章)。

略言之，稷下黃老在道論方面，較少關注生成論問題，而著意於道用之闡發(如道之無為、謙下的作用)，這可說是從老學到黃老越發向社會傾斜的一個總趨勢。

---

❷　《老子》第三十八章：「上德無為而無以為。」。

❷　《老子》第四十二章：「道生一，一生二，二生三，三生萬物，萬物負陰而抱陽。」

陸、從〈心術〉四篇與〈形勢〉諸篇之對比

〈心術〉四篇從內在思想的聯繫性看，可視為一個整體的組合。相較之下，〈形勢〉各篇則為獨自撰作的個別單元。然從這些個別單元之中也顯現出不同的黃老學者在一些觀念上的互通性。

一、氣與精氣

〈內業〉主旨在論氣、心，並提出「精氣」為生命本原之說。〈樞言〉開篇便說心、氣的重要性。〈水地〉則提出「精氣合」而稟賦生命之說。

二、君道無為

〈心術上〉藉「心術」而引申「主術」；由心與九竅之各具功能，而推衍君與臣之各有分職。人君「處道」、「循理」，行「無為」之事，不干涉臣下（「毋代鳥飛」、「不奪能」），任百官充分發揮自己的才能。〈宙合〉也提出「君臣各能其分」。總之，主逸臣勞是黃老的共同主張，〈形勢〉所謂「主功有素」，〈宙合〉所謂「君佚臣勞」，和〈心術上〉「無為而治竅」的君道思想，正相一致。

三、虛

老子言「虛」，乃形容心境或喻開闊的空間。〈心術上〉屢言「虛」，含意較廣，除老義外，還延伸到認識論上，討論到主

體（「此」）如何才能確切地認識客體（「彼」），最重要的莫過於排除主觀的成見而不預設立場（「無藏則奚設矣」），所謂：「虛者，身藏也」，意即不懷藏心機成見，就是「虛」。〈宙合〉云：「『不用其區區』者，虛也；人而無良焉，故曰虛也。」其意為君主不自用，即是「虛」。〈宙合〉言虛，意在暗喻人君心胸要開闊，不憑主觀意圖行事，其義與〈心術上〉相通。

四、時　變

老子便已說過：行動要掌握時機❸，黃老因之，強調掌握時代的動脈，推動社會以變革──所謂：「時變是守」❸。「時變」的觀念，屢見於黃老作品，如〈內業〉有言：「聖人與時變而不化，從物而不移」；〈白心〉更標示：「以時為寶」、「隨變斷事，知時以為變」。所謂「與時遷移，應物變化」，乃為司馬談盛讚道家之長的一個重要原因。主時變的觀點，〈宙合〉也特別重視，它主張：「因時」、「審於時」，又倡言「與變隨化」。

〈宙合〉提出「因時」的同時，又提到「時則動，不時則靜」之說。時與動靜結合的觀點，也屢見於帛書《黃帝四經》❸，黃老這動靜適時的觀念，還直接影響到《易傳》❸。

---

❸　《老子》第八章：「動善時。」

❸　「時變是守」為司馬談〈論六家要指〉引述道家的觀點：「故曰：『聖人不巧，時變是守。』」所引的話出自馬王堆帛書《黃帝四經・十大經・觀》：「聖人不巧，時反是守」。

❸　如《黃帝四經・經法・四度》；《黃帝四經・十大經・觀》。

❸　〈彖傳〉釋「艮」卦謂：「時止則止，時行則行，動靜不失其時」。

〈宙合〉論「時」，和「德」相連繫，正如〈樞言〉將「時」和「義」相提並論，這很值得注意。〈宙合〉經文提出「時德之節」的說法，解文做了這樣的引申：「成功之術，必有巨獲；必周於德，審於時。時德之過，事之會也，若合符然。」這裡談到成功的方法，一定要有法度，同時要審時修德。「審時」要重視法度和修德，這也反映了黃老道家的時代特色。在那禮崩樂壞的年代，法治的興建成為當務之急，黃老的涵容性，使道家學派能應合時代需要而採各家之長以治世。名法、德智的提倡，也可看出黃老道家採眾說之長的一面。

五、禮法出於道

禮、法和道的關係，黃老的著作中有大同小異的說法。帛書《黃帝四經》宣稱「道生法」而未及言禮，〈心術上〉言禮，強調禮需「因人之情」，並謂「事督乎法，法出乎權，權出乎道」，而禮、法關係未及明言。〈樞言〉則明確說：「法出於禮」，並謂「禮出於治。治、禮，道也」。可見禮、法生於道為黃老學派的共同主張。也就是在「道」的大前提下，引進禮、法思想觀念。

六、正 名

形上之「道」，非具象之物，故老子以「無名」稱之。但落實到政治社會層面，不可無「名」。〈心術上〉說：「物固有形，形固有名。」這話常被學者引用。〈心術上〉還說：「名不得過實，實不得延名」，認為：「名當謂之聖人」。所謂「名當」，即是名實要相符。〈心術下〉也說：「凡物載名而來，聖人因而財（裁）

之而天下治」，並提出「名實不傷」的呼籲。名實之不相應，已
成為人間社會的普遍現象，〈宙合〉作者已感歎嘆「名實相怨久
矣」！名與實「不可兩守」時，主張去名取實。這和《莊子‧逍
遙遊》所說：「吾將為名乎？名者實之賓也」，取實之意相同。

　　名實相怨，政局動盪不安，官分職守相侵越，因而「正名」
為當務之急。〈樞言〉說：「名正則治，名倚則亂」；〈白心〉也
說：「正名自治，奇名自廢。」〈白心〉還進一步提出「名正法備」
之說，認為如果形名確定法度具備，聖人就可以安閒無事了。
〈樞言〉則強調「貴名」，認為「有名則治，無名則亂」，政治
社會秩序中有賴名分的維繫以發揮各自職分的功能，這有如生
命的維繫有賴於氣一樣的重要。

七、德盛義尊

　　黃老之君道，講禮、法是就制度層面，重品德則屬君主修
身方面。黃老提倡為政者的品德修養，如〈內業〉云：「德成而
智出」、「正形攝德」，又說：「天仁地義。」稷下道家主德智相養，
仁義之行亦屬「德」的範疇。諸德中，黃老尤重義，如〈宙合〉
謂：「義立之謂賢」；〈樞言〉強調「德盛義尊」，該篇討論「時」，
復突出「義」，謂「既時且義，故能得天與人」。〈心術上〉亦屢
言「義」，以為「君臣父子人間之事謂之義」，可見黃老之重義
是由於義為人際關係間最合宜且合理的行為規準 (如〈心術上〉解
文所指：「義者，謂各處其宜也。……故禮出乎義，義出乎理。」) 此外，黃
老還「貴誠信」，〈樞言〉曰：「誠信者，天下之結也。」這話到
今天還富有新義，因為當今政治人物背信者比比皆是。

八、重　智

論者多誤以為老莊反智，其實不然。老莊所反者，乃是統治者運用智巧以欺民、盜民。《老子》說：「知人者智，自知者明」（第三十三章），可見老子肯定「明」、「智」，而稷下道家尤為重智。〈內業〉提出「德成智出」與「思索生知」兩個重要命題，並宣揚心志專一，認為專一心力於事物上則熟能生巧，其技其藝可達於出神入化之境，此謂「神」、「智」（「一物能化謂之神，一事能變謂之智」）。〈心術上〉亦崇智，認為智得以體認道的精蘊（「知（智）得以職（識）道之精」），並讚語曰：「人皆欲智，……智乎，智乎，投之海外無自奪。」重智言論，也見於〈宙合〉、〈樞言〉，如〈宙合〉說：「言得謂之知，聰明以知則博。」〈樞言〉說：「多安少欲，智也」，並崇尚「聖智」及「仁智」❸❹。

九、貴　當

「當」為黃老道家特殊語詞，〈白心〉開篇首句便說：「建當立有。」王念孫改「當」為「常」，學者多從之，馬王堆黃老帛書出土，「當」字屢見於帛書《黃帝四經》，始知「當」為黃老習用詞字。「當」有「常」義，但非字之誤，「建當立有」，猶建道立德。「當」亦有適、度之意。〈樞言〉曰：「先王貴當、貴周。」〈宙合〉曰：「多內則富，時出則富。而聖人之道，富貴以當。奚謂當？……應變不失之謂當。」是則「當」有適、度、舉措得當之意。

　　上文將〈心術〉四篇與〈宙合〉等篇之黃老重要思想概念

───────────────

❸❹　「既智且仁，是謂成人。」

上做一對比，可證其同屬黃老學派作品。

柒、結 語

　　稷下黃老在治身與治國的問題上，其特點是顯而易見的：治身方面，提倡養氣及精氣在生命中的重要作用。治國方面，強調君臣分職，而其援禮、法以入道，則為黃老道家應合時代需求的一個新趨勢。

　　本文要在論證〈形勢〉諸篇同屬稷下黃老作品，但各篇的獨特性也是我們所要強調的，如前文所述，〈形勢〉篇要在論勢，並提出「主功有素」及「夜行」、「心行」等特殊概念；〈宙合〉要在論主政者勿拘泥於區區小術，要有宇宙般的廣闊的胸懷，並提出「主逸臣勞」、「彰道以教」、「易政利民」等政治主張；〈樞言〉要在論氣和名的重要性，並提出「尚陽說」等觀點；〈水地〉要在論水為萬物之本原等等。

第二部分

《管子》
四篇注譯
與 詮釋

〈內業〉注譯與詮釋

〈內業〉意即內心的修養，本篇主旨是論說如何修心聚氣以達到戴圓履方——頂天立地的昂揚氣概、高邁境界。

本篇分四個層次論述。第一至四章為第一個層次，論氣、心、道的關係。第五、六章為第二個層次，論隨時從物和變與不變的關係。第七至十四章為第三個層次，論心形雙修，形德交養。第十五、十六章為第四個層次，論節制情欲和正靜之道。

本篇提出許多重要觀念和命題，對後代哲學史有著長遠的影響。如：精氣、時變、中守、中得、心氣、心意、靈氣、雲氣、正靜定等概念，並提出化不易氣、心以藏心、一意摶心、摶氣如神、心靜氣理、修心靜意、修心正形、正形攝德、戴圓履方、天仁地義、德成智出、思索生知、意以先言、內敬外靜、反性大定、萬物得度、萬物畢得等重要命題。

一

凡物之精，此則為生(1)，下生五穀，上為列星。流於天地之間，謂之鬼神(2)；藏於胸中，謂之聖人(3)。

是故此氣(4)，杲乎如登於天(5)，杳乎如入於淵(6)；淖乎如在於海(7)，卒乎如在於己(8)。

是故此氣也，不可止以力，而可安以德；不可呼以聲，而可迎以音〈意〉⑼。敬守勿失，是謂成德。德成而智出，萬物畢得⑽。

【注釋】

⑴凡物之精，此則為生：天地萬物都有精氣，萬物賴它獲得生命。「之」，有（訓見《古書虛字集釋》）。「精」，精氣。「此」，得此、賴此。「生」，生命。張舜徽說：「『此則為生』，謂此氣乃生命之本」（《周秦道論發微·管子四篇疏證》，下引同）。

⑵鬼神：謂陰陽變化（張舜徽說）。按：與「神」、「神明」等意思接近，指天地精神，自然界的神妙作用（參看張岱年，《中國古典哲學概念範疇要論》）。

⑶聖人：這裡指聖人智慧。

⑷是故此氣：「此氣」，通行本作「民氣」。「民」乃「此」字之誤（丁士涵說，見戴望，《管子校正引》）。這句本當作「是故此氣也」下文，「是故此氣也」與此正為排比句。

⑸杲（《ㄠˇ）：顯明。

⑹杳：幽暗。

⑺淖：同「綽」，寬舒，舒展。

⑻卒：同「萃」，聚集，收聚。

⑼音〈意〉：為「意」字之殘訛（王念孫等說）。

⑽萬物畢得：「畢得」，通行本作「果得」。「果」當為「畢」字之誤（王念孫，《讀書雜志》，下引同）。〈心術下〉正作「萬物畢得」，尹注為「物畢得宜」，甚確。下文「正心在中，萬物得度」與

此同義。又，李勉釋此句為「萬物皆由我得」，可備一說。如
此則孟子所謂「萬物皆備於我」亦出於此。

【今譯】

萬物都有精氣，賴它獲得生命；在地生成五穀，在天聚為
眾星。精氣流散在天地間，便稱為天地精神；藏儲在胸中，便
成為聖人智慧。

這種精氣，燦然如高升於天際，暗然似深入於淵底，舒展
開如在四海之外，收聚起如在人身之中。

對於這種精氣，不可以人力留住它，只可以德心安養它；
不可以聲名呼喚它，只可以意念迎取它。敬守精氣而不遺失，
便能進一步成就德心。德心的成就便使人生出智慧來，有了智
慧可使天地萬物皆得其宜。

【詮釋】

中國哲學史上，著名的精氣說乃是由稷下道家所提出。

在宇宙生成論上，老子是第一個提出道為萬物之本原者，
然而道創生與畜養萬物的具體內涵，老子並沒有明確論述。道
和萬物之間的關係到莊子和稷下道家才提出氣化論以為中介，
稷下道家更提出精氣的概念以說明道的化生萬物，本篇即是稷
下道家論述精氣的代表作品。

一、「精氣」為萬物的原質

「精氣」這一概念在稷下道家另一作品《管子・水地》篇

中亦已提出，但〈水地〉主要是將水和地視為萬物的本原。新近出土郭店楚墓竹簡中的古佚書〈太一生水〉，亦是以水為萬物的本原。由此可知，道家的萬物生成論至戰國中期形成了兩大系統：一是尚氣，一是尚水。尚水思想因其本身的理論限制未能得到發展。尚氣說，因「氣」具有可感知的性質，卻又視之不見、聽之不聞，可解釋性遠超過尚水論，故能得到發展。

　　本篇開宗明義便指出精氣瀰漫於天地之間，它是構成萬物的本原，也是生命和智慧的根源。作者認為一個人獲得的精氣愈多，則生命力愈強、智慧愈高，並誇大了精氣的作用，以為精氣流於天地之間，可以使自然界具有神奇靈妙的作用。所謂「鬼神」，在本篇作者看來不過是精氣的流布，這一觀念對《易傳‧繫辭》有著直接的影響。此處所謂「流於天地之間，謂之鬼神」以及本篇後文（第十三章）謂：「思之，思之，又重思之。思之而不通，鬼神將通之；非鬼神之力也，精氣之極也。」這種以精氣變化來解釋「鬼神」的思想，為〈繫辭〉所繼承──〈繫辭〉云：「精氣為物，游神為變，是故知鬼神之情狀。」此明顯源於〈內業〉。

二、「德成智出」、「萬物畢得」之說

　　這一章還提出「德成智出」、「萬物畢得」這兩個命題。稷下道家倡導德智相揚，而「萬物畢得」之說，則與孟子所謂「萬物皆備於我」相通，不少學者認為孟子此說源於稷下道家。

二

　　凡心之刑(1)，自充自盈，自生自成。其所以失之，必以憂樂喜怒欲利；能去憂樂喜怒欲利，心乃反濟(2)。

　　彼心之情(3)，利安以寧，勿煩勿亂，和乃自成(4)。折折乎如在於側(5)，忽忽乎如將不得(6)，渺渺乎如窮無極。此稽不遠，日用其德(7)。

【注釋】

(1)刑：即下文「凡心之形」的「形」，指形體或實體。

(2)心乃反濟：「心」，指心的自然本性。「反濟」，重返回來。

(3)情：特性。

(4)和：有二義：一謂心的和諧狀態。如尹注：「若無煩亂，心和自成。」一指和氣，在《管子》中特指精氣。今譯取前者。

(5)折折乎如在於側：「折折」同「晢晢」，昭明貌。「側」，側旁，喻近在咫尺。

(6)忽忽：幽微貌。

(7)此稽不遠，日用其德：「此」，指精氣。「稽」，道理，原理。「遠」，疏遠。「德」，指體現在個物中的「道」或「精氣」的性能。

【今譯】

　　心這個實體，自有使精氣充實盈滿、生長完成的本然性。這種自然本性之所以會失去，那是由於憂、樂、喜、怒、嗜欲

和貪利的侵入；如果能將這些情欲去除，心的這種自然本性才會重新回歸。

心的特性以安寧為利，保持不煩不亂，和諧狀態自然形成。充盈於心中的精氣昭明如近身旁，幽微如不可索求，渺茫如無所終極。精氣的原理與我們並不疏遠，我們日常生活中都在應用著它的性能。

【詮釋】

本章主要論及「心之形」與「心之情」，即討論心的實體和特性。作者認為心之體是自我充盈、自我生成的，而心的特性則是以安寧為利的。

「和乃自成」的「和」，意即心本處於和諧安舒、圓滿自足的狀態。道家尚「和」，莊子言及「天和」、「人和」、「心和」，這裡的「和」是指「心和」。心的本然性是安和的，由於各種情緒和欲望的波動翻騰，使得原本安和的心性受到攪亂。因此，在情緒和欲望的波動翻騰之後如何回歸到安和狀態的精神家園，即所謂「心乃反濟」，則成為〈內業〉篇中所關注的一大課題。

三

夫道者，所以充形也，而人不能固，其往不復，其來不舍。謀乎莫聞其音⑴，卒乎乃在於心⑵，冥冥乎不見其形，淫淫乎與我俱生⑶。不見其形，不聞其聲，而序其成，謂之道。

【注釋】

⑴謀：即「寂」字之訛（王念孫說）。又或當作「謨」，通「漠」
　　（陳奐說）。總之都是安靜的意思。
⑵卒：同「萃」，收聚。
⑶淫淫乎：綿綿不斷。

【今譯】

　　道是用來充實人的身體的，而人們往往不能固守，使它迷
失而不再復回，即便復回也不會安置。它寂然無聲不可得聞，
但它收聚時卻又集於人的身心，它杳然無形不可得見，但它卻
綿綿不斷與生命共存。儘管看不見它的形體，聽不到它的聲音，
卻能夠有序地成就萬物，這就是所謂的「道」。

【詮釋】

　　本章論述道「所以充形」以及落實於人心的作用，分述如
下：

一、道落實於人心

　　老子「玄之又玄」的形上之道，至戰國中期以後有了很大
的變化，即道進一步落實到人心。老子的道論並不涉及「心」
的範疇，至莊子和稷下道家才將「道」和「心」聯繫起來。如
《莊子‧人間世》篇所說：「心齋……唯道集虛。」〈內業〉此處
所說的：「夫道者，……卒乎乃在於心。」兩者有相通之處。

二、形神關係

稷下道家在論及道萃乎乃心的同時，還提出「道充形」之說。心形或神形關係為道家所關注的一大課題，司馬談〈論六家要指〉對道家的神形觀清楚地指出人之所以生在於神形相合，如果神形分離就歸於死亡：「凡人所生者神也，所託者形也。……形神離則死。」因此首先要健全神與形的關係，不使形蔽神竭而造成兩者的分離。司馬談還提到道家「神本形具」的觀念，認為精神雖為生之本，但也要形來體現（「具」即體現之意）。這種神形並重的思想見於《莊子・達生》（如「神全精復」），而〈內業〉中神形關係講得更清楚，並且特別突出「道者充形」這一面向。

三、道的有序性

本章最後所謂「不見其形，不聞其聲，而序其成，謂之道」。這裡說道有序地成就萬物，這在強調道的有序性，至於用「不見其形，不聞其聲」來描述道體，這明顯是承襲《老子》而來，與此相同的論述亦可見於〈中庸〉，所謂：「視之而弗見，聽之而弗聞，體物而不可遺。」

四

凡道無所，善心安愛〈處〉⑴。心靜氣理，道乃可止。彼道不遠，民得以產；彼道不離，民得以知。是故卒乎如可與索⑵，眇眇乎其如窮無所。

彼道之情，惡音與聲，修心靜音〈意〉⑶，道乃可

得。道也者，口之所不能言也，目之所不能視也，耳之所不能聽也，所以修心而正形也。人之所失以死，所得以生也；事之所失以敗，所得以成也。

　　凡道，無根無莖，無葉無榮，萬物以生，萬物以成，命之曰道。

【注釋】

⑴善心安愛〈處〉：「善」，修治使善。「安」同「焉」，乃。「愛」為「處」字之訛（王念孫說）。「處」與「所」同叶魚部韻。

⑵卒：同「萃」，收聚。按：「卒乎」一詞三見，均指氣之收聚。凡氣之聚時，則在己、在心，皆可求索；其曠遠、眇眇難尋，則是皆就氣散而言。

⑶靜音〈意〉：當作「靜意」（王念孫說）。「意」與「得」同叶職部韻。

【今譯】

　　道並沒固定住所，只有善於修心的人才能使它安處下來。心意靜定、氣脈通暢，道便可留止。道並不遙遠，人們賴它獲得生命；道並不離去，人們賴它獲得智慧。它聚集時是可以求索的，（散開時）又眇茫曠遠難尋定處。

　　道的特性是不可以言語聲名呼來的，只有修心靜意才可得道。道雖然不可言表，不可目見，不可耳聞，但它確實又可以用來完善人心，端正身形。人們失去它就會死亡，得到它就能生存；失去它做事就會失敗，得到它做事就能成功。

道雖無根莖，無花葉，但萬物賴它而生，靠它而成，所以把它稱為「道」。

【詮釋】

本章續論道的特性及其於心形、心氣的作用。

一、道不遠人

〈內業〉篇中所談的「道」，一方面直接繼承老子作為萬物生成本原的道，本章所謂「凡道，無根無莖，無葉無榮。」乃是對老子生成之道於以形象化的描述。不僅如此，老子的形上之道至〈內業〉和人發生了更為緊密的關係，所謂「彼道不遠，……彼道不離，……」人的生命和智慧都源於道，故不可須臾離道。同樣的論述亦可見於〈心術上〉：「道不遠而難極也，與人並處而難得也。」由此可以看出〈內業〉和〈心術上〉兩者間思想內容的一致性。而〈中庸〉亦有同樣的論述，所謂：「道不遠人，人之為道而遠人，不可以為道。」「道不可須臾離也，可離非道也。」由此可看出〈中庸〉思想受稷下道家影響之一般。

二、修心正形

本章所論述的「道」特別著重於和「心」的關係。「善心安愛〈處〉」，將老子之道進一步落實到人心，並特別強調修心、理氣。所謂「心靜氣理」、「修心靜音〈意〉」、「修心正形」等重要命題，即由此而提出。

五

　　天主正，地主平，人主安靜。

　　春秋冬夏，天之時也；山陵川谷，地之枝〈材〉也
⑴；喜怒取予，人之謀也。是故聖人與時變而不化，從
物而不移⑵。能正能靜，然後能定。

　　定心在中，耳目聰明，四枝堅固，可以為精舍。

　　精也者，氣之精者也。氣道乃生⑶，生乃思，思乃
知，知乃止矣⑷。凡心之形，過知失生⑸。

【注釋】

⑴枝〈材〉：當作「材」(王念孫說)。《管子‧樞言》:「天以時使，
　地以材使」,「時」「材」對舉與此同例。

⑵與時變而不化，從物而不移：于省吾等以為「從物」當作「從
　物遷」,與「與時變」對言。「移」,搖動，擾動。

⑶氣道乃生矣：猶言氣通乃生 (戴望《管子校正》)。「道」疑涉「氣」
　字而衍。「氣乃生」,言人有了就能獲得生命。

⑷知乃止矣：「止」,謂行止，指處身行事。

⑸生：性。下文「凡人之生也，必以平正」之「生」與此同義。

【今譯】

　　天主公正，地主均平，人主安靜。

　　春秋冬夏是天的時令，山陵川谷是地的物材，喜怒取予是
人的謀慮。所以說聖人順時應變不被同化，隨物推移而不被擾

動。心能端正守靜，才能堅定。

堅定信念存於胸中，耳聰目明，四肢強健，這樣就能做為精氣的住所。

所謂「精」就是氣的精華。有了氣就能獲得生命，有了生命就能思考，有了思考就能生出智慧，有了智慧就能體悟處身行事之道了。凡心的形體，思慮過度就會傷害它本然之性。

【詮釋】

本章提出哲學史上許多重要的概念和命題，如：時變、正靜、靜定以及「氣之精」、「生乃思」、「思乃知」等。分述如下：

一、時　變

司馬談在〈論六家要指〉中，特別讚賞道家善於掌握「時變」，亦即善於掌握時代的脈絡，推動社會變革。他一再稱許道家「因時為業」、「與時遷移，應物變化。」還引述了「聖人不巧，時變是守」的名言，這話見於馬王堆帛書《黃帝四經・十大經・觀》：「聖人不巧，時反是守。」

從老學至黃老之學都十分重視時變，如《老子》第八章有言：「動善時」，而「時變」這一概念在《管子》四篇中屢見，如〈心術上〉講「時適」，〈心術下〉及〈內業〉論及「時變」，而〈白心〉更突出地提出「以時為寶」、「知時以為度」的呼聲。

二、正靜定

正、靜、定，成為道家心境修養的重要概念，源出於《老

子》。老學中這些概念固可用以描述心境，但更主要的是用來講解治國，如《老子》第三十七章所說的：「不欲以靜，天下將自正。」政治術語多於心境的描述。而在〈內業〉中則多就人的心境而言，即就人的心靈修養層面強調正、靜、定的作用；這對《大學》有著直接且深遠的影響，《大學》云：「知止而后有定，定而后能靜，靜而后能安。」又：「欲修其身者，先正其心。」所說的「正」、「靜」、「定」、「安」的心修工夫乃是本於此篇而來。

　　這裡還特別提出道留駐於精舍的說法，「精舍」這個概念為日後佛道兩家所廣泛使用。

三、思乃知

　　本章後段謂「精也者，氣之精者也。氣道乃生，生乃思，思乃知，知乃止矣。」這段話有兩點值得我們注意：

　　首先，「精也者，氣之精者也。」這句話經常被當代學者所引述，用以論證「精」這一概念和「精氣」的關係，「精」和「氣」這兩個概念在老莊中都出現過，但都是以單詞而分別存在，至〈內業〉「精氣」才開始連用，但是在老莊著作中出現的「精」，歷來有很多不同的解釋，許多學者則是根據〈內業〉的這句話來論述「精氣」這一概念。

　　其次，「氣道乃生，生乃思，思乃知」這段話在道家思想史上具有非常重要的意義。首先這裡將生命的來源歸於氣，認為氣為生命最基本的原質，從文化史上來看，先民早已存在這種想法，但是從哲學史上來看，將氣視為生命的根源以及萬有的原質的思想，則是由戰國時的莊子和稷下道家所首次提出的，

就稷下道家來說，《管子·樞言》很明顯的說：「有氣則生，無氣則死。」接著〈內業〉作者進一步論述人的可貴在於人有思考力，這是人異於禽獸之所在，人有了思想才能產生知識，「生乃思，思乃知」這提法在先秦道家文獻中極其珍貴。因為老莊對知識的態度常偏向機心巧詐的一面，稷下道家不但糾正了老學的缺點，而且正面肯定了思想知識的可貴。

四、三極之道

本章開頭提到：「天主正，地主平，人主安靜。」老子提出：「人法地，地法天，天法道，道法自然。」（第二十五章）天地人之間的緊密關係在《老子》中就已經提出來了，這裡更指出了天地人各有它的特點：天的特點在於公正，地的特點在於均平，人的特點在於安靜，天地人的關係及其特性更加突顯地標舉出來，可見《易傳》中所提出的「三極之道」，和稷下道家是同一思想脈絡下的產品。

六

一物能化謂之神，一事能變謂之智(1)。

化不易氣，變不易智，惟執一之君子能為此乎。

執一不失，能君萬物。君子使物，不為物使，得一之理。

治心在於中，治言出於口，治事加於人(2)，然則天下治矣。一言得而天下服，一言定而天下聽(3)，公之謂也。

【注釋】

(1)一物能化謂之神，一事能變謂之智：「一」謂專一（見尹知章注
〈心術下〉）。張舜徽說：「尹注釋『一』為『專一』，是也。凡
能專一心力以從事於一事一藝者，積之既久，始可語乎變化，
俗所謂熟能生巧也。驗之詩、文、書、畫、樂伎、百工，靡
不皆然。大抵用力之始，必專守成規，勤學苦練，即一氣一
事之謂也。及其深造自得，始能越出成規，自成家法，而運
用之妙，存乎一心，即能變之謂也。」

(2)治心在於中，治言出於口，治事加於人：「治心」，修治完善
之心。「言」，指聲教政令。「治言」，謂政令信實。「治事」，
謂合宜之事。

(3)一言得而天下服，一言定而天下聽：「一言」，指「道」。「得」，
掌握。「定」，確立。

【今譯】

專一於物而能隨移變化叫做神，專一於事而能掌握變化叫
做智。

物變而氣不變，事變而智不變，這只有持守專精的君子才
能做到。

專一而不失，就能主宰萬物。君子主宰外物而不被外物所
使役，這是掌握專一的原則。

修治之心存於胸，信實之教出於口，合宜之事施於人，這
樣天下就可以治理。掌握了道則天下歸服，確立了道則天下聽
從，這就是「公」。

【詮釋】

本章強調心意專一的重要性，並提出「化不易氣」這一重要命題。

一、心意專一

司馬談在〈論六家要指〉中盛讚「道家使人精神專一」，其言或本於此篇。本章所謂的「一物」、「一事」、「執一」、「得一」都是指精神專一。對於事和物若能夠專一心志，投注精神於一事一物，積厚之功日久，熟能生巧，就能達到出神入化的境界，達此美妙境界，稱之為「神」、「智」。一個人若能專一，則能建立自己，成就自己。主體性一旦確立，就不會被外界的擾動所牽引，這即是「君子使物，不為物使」。自主性確立則能主宰萬物，不為外物所役使，這也就是《莊子·山木》所說的：「物物而不物於物。」

二、化不易氣

所謂「化不易氣」是說事物不停地在變化，但氣不會隨變化而消失。這裡認為氣是萬物最基本的原質，不管事物怎樣變化，氣不會隨變化而消失。這「化不易氣」命題的提出，對中國哲學具有深遠且重要的影響。

七

形不正，德(1)不來；中不靜，心不治。正形攝德(2)，

天仁地義⑶，則淫然⑷而自至。神明之極，照乎知萬物⑸，中守不忒⑹。不以物亂官，不以官亂心，是謂中得。

【注釋】

⑴德：此處指精氣。

⑵攝德：「攝」，正，修持之義。「德」，道德修養。

⑶天仁地義：效法天之仁，地之義（尹注）。

⑷淫然：綿綿不斷的樣子。

⑸照乎知萬物：〈心術下〉作「昭知天下」。「照」通「昭」。「照」下「乎」字為衍文（王念孫說）。

⑹中守不忒：「中守」，意指內心持守虛靜。通行本「中」下衍「義」字，據王念孫之說刪除。

【今譯】

形體不端正，精氣就不來；內部不安靜，心神就不定。正形修德，效法天仁地義，則精氣就會綿綿不斷的來到。神妙的作用發揮到極至，便令使人朗然昭明而察知萬物，內心持守虛靜而無有差錯。不讓身外之物惑亂感官功能，不讓感官功能惑亂心神，這樣就是內心悟道了。

【詮釋】

本章宣揚「正形攝德」，以為效法「天仁地義」，便可使人達到「神明之極」的境界。分述如下：

一、心形雙修、形德交養

在形與德的修持方面，〈內業〉強調心形雙修、形德交養，「形不正，德不來。」兩者必須相養相成；因此，提出「修心正形」、「正形攝德」的重要命題。此即〈心術下〉所謂「正形飾德」。這裡認為形、德修養至一高度的境界時，精氣就自然來到，而能心神悟道。

二、天地之倫理意含

在「正形攝德，天仁地義。」這句話中，〈內業〉特別強調「攝德」的重要。所謂「天仁地義」，天地是一仁義之德境界的呈現，在這裡可以說已經將天地予以人倫化。這說法和老莊有著極大的不同。老子的天地是一自然狀態，所謂「人法地，地法天，天法道，道法自然。」這裡很明顯地可以看出稷下道家對於老子有著不同的發展。莊子講天地或者作為一物理的存在，或者作為一種精神的境界，這種精神境界是藝術性而非倫理性的，但是稷下道家則將天地予以道德化，這樣的看法和老莊分歧，卻和孟子相通，孟子將天地人倫化可能是本於稷下道家。

八

有神(1)自在身，一往一來，莫之能思。失之必亂，得之必治。敬除其舍(2)，精將自來。精想思之，寧念治之(3)，嚴容畏敬，精將至定。得之而勿舍，耳目不淫，心無他圖。正心在中，萬物得度。

【注釋】

⑴神：指精氣。

⑵敬除其舍：「除」，灑掃。「其舍」，精氣的館舍，指「心」。

⑶精想思之，寧念治之：「精想」，精微之想，指意念。「思」，存思。「寧念」，指靜心。「治」，謂修持其德。

【今譯】

精氣在身，往來無定，神妙莫測。失掉它則身心必亂，得到它則身心自理。虔敬地清理內心，精氣自然來到。以意念去存思，以靜心去修持，整肅儀容、謹敬志意，精氣必將安頓下來。要想得到它而不失去，就需耳目不耽於聲色，內心無所貪圖。平正之心存於胸中，就能使一切事物都合宜適度。

【詮釋】

本章談潔心寧念以匯聚精氣之法，分述如下：

一、潔心聚氣

所謂「神」，所謂「精」，都是指「精氣」。本章主要論述如何修心寧念以匯集精氣；如何洗心靜意、「敬除其舍」以凝結精氣，這也就是〈心術上〉所說的「虛其欲，神將入舍」。得道之要，厥在一心。

二、嚴容畏敬，精將自定

稷下道家對於人的行止，非常強調肅敬，「敬」這概念在〈內

業〉篇中出現了七次之多，可為證明。本章講述一個人要能「敬除其舍」、「嚴容畏敬」才能聚集精氣。精氣匯集到每一個個體，「正心在中」就能使得萬物皆自得（「萬物得度」）。〈內業〉對「敬」的一再強調，可以看到在〈大學〉、〈中庸〉儒道這一概念相通的思想線索。

九

　　道滿天下，普在民所，民不能知也。一言之解，上察於天，下極於地，蟠滿九州(1)。

　　何謂解之？在於心安(2)。我心治，官乃治；我心安，官乃安。治之者心也，安之者心也。心以藏心，心之中又有心焉(3)。

　　彼心之心，意以先言(4)，意然後形(5)，形然後言，言然後使(6)，使然後治。不治必亂，亂乃死。

【注釋】

(1)一言之解，上察於天，下極於地，蟠滿九州：「一言」指「道」。「解」，道理、精妙。「察」與「極」換文同義，指至、達到。「蟠」同「播」，播布。《黃帝四經・十大經・成法》：「一之解，察於天地；一之理，施於四海」為〈內業〉所本。

(2)安：此處通「焉」。

(3)心之中又有心：「凡是形氣的心，是生理的心，『心之中的心』是道德的心。其作用是思，是知。形而下的是形氣，形而上

的是道德。心呢？間於二者之間。寡欲，正是把我們的心從
形氣中超拔出來走入道德的心。」（劉節，〈管子中所見之宋鈃一派
學說〉）

(4)意以先言：通行本「意」作「音」（下文同），據王念孫校改。
〈心術下〉即作「意以先言，意然後形」。

(5)意然後形：「形」，謂形諸於外，在此指傳達意念。

(6)言然後使：「言」，指聲教言辭。「使」，喚使百姓。

【今譯】

道滿天下，普在民間，而人日用卻不能察知。道的精蘊貫
通天地，布滿九州。

道的精蘊是什麼呢？這全在心去體悟。心治則感官自理，
心安則感官自寧。心的調理在心本身，心的安寧也在心本身。
這是因為心中又藏著心，心之中還有心。

心中之心，它的意念在先而用來傳達意念的語言在後。心
中有了意念就要傳達出來，有了思維的傳達就有了聲教政令的
語言，有了聲教言辭才能喚使人們，聽從喚使才能治理。內心
不治則事必亂，亂則身死。

【詮釋】

本章主旨在言心安。謂心安則官乃安；心安則心治。本章
還提出「彼心之心」、「心以藏心」、「心之中又有心」等富有哲
學義蘊的命題。〈內業〉不僅為稷下道家內聖之學的最重要代表
作，它也為古代哲學中的心學提供了豐富的內涵。茲分述如下：

一、道滿天下，普在民所

《老子》書中作為萬物本原的道，是幽隱而無形無名的。所謂「道隱無名」。而戰國中期道家的「道」，則已普降至民間。如《莊子·知北遊》所說：「道無所不在」，稷下道家更將老子的「道」具象化而為精氣，普遍充實、彌滿於人間，唱出傳頌千古的名言：「道滿天下，普在民所。」

二、心安，官乃安

「我心治，官乃治；我心安，官乃安。」心在各種官能中，顯然居於主導的地位。〈內業〉此處僅就治身範圍內著意於心治、心安。而〈心術上〉則由心之居於主導地位而申論治國的原則。它將心和官比喻為君臣關係，並進而引出君臣分職的理論。治身與治國為先秦道家兩個重要的組成部分（如老學著重在治國，莊學則要在治身），稷下道家的作品中，治身方面以〈內業〉為代表，治國方面則以〈心術上〉為範本。

三、心以藏心

心體君位說，屢見於同時代文獻。如《莊子》有九竅與真君說（〈齊物論〉），《孟子》有大體與小體說（〈告子上〉），〈心術上〉則明確地宣稱：「心之在體，君之位也；九竅有職，君之分也。」古人貴心，認為心是認識的機能；心與官的關係中，官具有感覺功能，而心則富有思維的功能（如《孟子·告子》所謂「耳目之官不思……心之官則思」）。〈內業〉作者除了肯定思維官能之心的主導作用（如前引「我心治，官乃治；我心安，官乃安」），還進一步揭示：

「心之中又有心。」因而提出「心以藏心」這個富有深層哲學性的命題。「心以藏心」，認為心之官中還蘊藏著一顆更具根源性的「本心」，所謂「彼心之心」命題中第二個心對第一個心來說是心的實體，比官能之心更為根本。

四、意、言、形之關係

所謂「彼心之心，意以先言，意然後形，形然後言，言然後使，使然後治。」是指意、言、形三者間的關係。

前文第五章討論到「氣──生──思──知」的關係，在這裡更進一步討論到言意的問題，認為意念先於言辭和語言，有了意念才能產生傳達意念的語言；意念和語言都需要加以傳達，這傳達有賴於意念思維，因著思維的傳達，於是就產生了行動（「使」），有了行動則進而要求秩序（「治」）。這樣的論述亦見於〈心術下〉第六章，曰：「意以先言，意然後形，形然後思，思然後行。」

〈內業〉此處雖然討論的是心的功能，但亦隱含了治道，這由「使然後治」隱約可見，但並不如〈心術上〉那麼彰顯，因為本篇主要在於論心治，屬內聖之學，而〈心術上〉雖名之為心術，實乃主術，論述的是外王之道。

十

精存自生⑴，其外安榮⑵。內藏以為泉原，浩然和平，以為氣淵。淵之不涸，四體乃固；泉之不竭，九竅

遂通。乃能窮天地，被四海，中無惑意，外無邪菑，心全於中，形全於外；不逢天菑，不遇人害，謂之聖人。

【注釋】

(1)生：生機，生氣。

(2)其外安榮：「安」通「焉」，乃，於是。另一說「安」喻容顏安泰。【今譯】取前說。「榮」，光彩。

【今譯】

精氣存聚於心中則自有生機，生機蓬勃則光彩煥發於外。內藏精氣成為生命的源泉，而心境寬廣平和可成為存養精氣的淵池。淵池不乾涸，四肢則強壯；精氣不枯竭，九竅便暢達。這樣就能智窮天地，德及四海，內無惑意，外無災害。中心完善，形體康泰，不逢天災，不遭人禍，這樣就可以稱為聖人。

【詮釋】

本章講述精氣的蓄養及蓄養精氣所產生的作用。

一、蓄養精氣的作用

一個人的精氣存養充足飽滿，則能生機蓬勃且光彩煥發。因而作者認為精氣的蓄養乃是生命的泉源。作者還進一步誇大了這種作用，認為一個人的精氣如果蓄養得愈多，則生機愈勃發，甚至可以達到「窮天地，被四海」的境界。

二、與孟子「浩然之氣」說的關係

　　孟子也具有類似的思維方式,《孟子‧公孫丑上》:「我知言,我善養吾浩然之氣。」「敢問何謂浩然之氣?」「難言也,其為氣也,至大至剛,以直養而無害,則塞于天地之間。」孔子不言氣,因此孟子講氣應納入齊文化或稷下道家的思想領域內來理解。〈內業〉所謂的:「內藏以為泉原,浩然和平,以為氣淵。……乃能窮天地,被四海。」這種由氣的內聚修養工夫,而外發為窮天地、被四海的思維方式,我們也可以在孟子的養氣論中發現,由「養氣」內聚而展現為「萬物皆備於我」之氣的外放作用看來,所謂浩然之氣充塞於天地之間可以說和〈內業〉的思維方式如出一轍。因此,孟子的氣論極可能受到稷下道家的影響。

十一

　　人能正靜,皮膚裕寬,耳目聰明,筋信而骨強⑴。乃能戴大圜而履大方⑵,鑒於大清,視於大明⑶。敬慎無忒,日新其德,遍知天下,窮於四極。敬發其充⑷,是謂內得;然而不反⑸,此生之忒。

【注釋】

⑴筋信:「信」,即《莊子》「熊經鳥伸」之「伸」,指筋骨伸展自如。〈心術下〉作「筋肕」,「肕」同「韌」,柔韌才能伸展,此《老子》所謂「骨弱筋柔」(第五十五章)。故作「信」(伸),作「肕」(韌)兩通。

⑵乃能戴大圜而履大方:「圜」同「圓」。「大圜」,指天。「大方」,指地。

⑶鑒於大清,視於大明:「鑒」義猶「視」。「大明」,指日。「大清」與「大明」相對,當指月。

⑷充:指充實於人體內的精氣。

⑸反:復。指精氣發散於外而又不斷地返還以補充。

【今譯】

人能心正意靜,則形貌豐潤,耳聰目明,筋骨伸展而強健。這樣就能頂天立地,覽月視日。謹敬於事而無過失,不斷完善其德,洞察天地乃至於整個宇宙間的一切。努力將精氣的智能發揮在事為上,這便稱為內有所得。但是如果不能反覆地蓄養補充精氣,那便是生命的禍害。

【詮釋】

本章亦為講述透過精氣的蓄養所能達到的境界。

人如果能透過正靜的修養工夫,則能耳目聰明、筋信骨強,達到「戴大圜而履大方」的境地。這種對頂天立地昂然氣概的生動描述,乃是對強健體魄的重視。認為軀體的強健不僅是心神修鍊的結果,也是促進道德精神提升的助力,這種對體魄昂然的自信神態,或許和北方人先天體格的優勢有關,《戰國策‧齊策》中所描繪的「志高而揚」的昂然氣概,和〈內業〉所描述的若合符節。

稷下道家之特別重視體魄強健對一個人修心攝德的重要

性，這在先秦道家中是十分特出的，也是先秦古籍中難得見到
的。

十二

　　凡道，必周必密，必寬必舒，必堅必固。守善勿舍，
逐淫澤薄(1)。既知其極(2)，反於道德。

　　全心在中，不可蔽匿，和〈知〉於形容，見於膚色
(3)。善氣迎人，親於弟兄；惡氣迎人，害於戎兵(4)。不
言之聲(5)，疾於雷鼓；心氣之形(6)，明於日月，察於父
母。

　　賞不足以勸善，刑不足以懲過。氣意得而天下服，
心意定而天下聽。

【注釋】

(1)逐淫澤薄：「澤」讀為「釋」，捨去。「薄」同「迫」。此言逐
　　除耳目之淫，捨去心頭重負。
(2)既知其極：「極」，準則。此指上述守善逐淫的原則（張秉楠《稷
　　下鉤沉》）。
(3)和〈知〉於形容，見於膚色：劉績、王念孫據〈心術下〉「外
　　見於形容，可知於顏色」認為本文「和」當為「知」字之訛。
(4)戎兵：當從〈心術下〉作「戈兵」，指利刃。
(5)不言之聲：〈心術下〉作「不言之言」。
(6)形：表現於外。

【今譯】

道必然是周密、寬舒、堅固。守善而不捨棄，就應該逐除耳目之淫，捨去心的重負。懂得了這個道理，就可以返回道德的途徑。

完善之心存於胸中是無法遮蓋的，必然要表現在容貌膚色之上。脈氣暢美，與人接觸則如兄弟般親切；脈氣穢惡，與人接觸就如同利刃般傷人。不用言語的聲音卻迅如雷鼓，心氣表現於外，如日月般昭明，好似父母對於子女般了然。

賞賜不足以激勵為善，刑罰不足以阻止為惡。氣意暢達而天下歸服，心意正定而天下聽從。

【詮釋】

本章所講述的「道」已不只是祖述老子之道，而是更進一步加以發展。

《老子》的道落實到人生的層面主要是強調柔弱、不爭，而在這裡則強調道的周密、寬舒、堅固，這和老子的論述明顯不同，特別是道的堅固性和老子守柔不爭的特性大異其趣。這個具有寬舒、周密而堅固性格的「道」落實到人身上，則可以使人達到「耳目聰明，筋信而骨強，乃能戴大圜而履大方」之境界，〈內業〉中所注入的剛健之風和《老子》書中所描述的體道之士所具有的凝靜敦樸、嚴謹審慎的人格型態，有著不同的發展。

十三

搏氣如神(1)，萬物備存。能搏乎？能一乎？能無卜筮而知吉凶乎(2)？能止乎？能已乎(3)？能勿求諸人而得之己乎(4)？思之，思之，又重思之，思之而不通，鬼神將通之，非鬼神之力也，精氣之極也。

四體既正，血氣既靜，一意搏心，耳目不淫，雖遠若近(5)。

思索生知，慢易生憂，暴傲生怨，憂鬱生疾，疾困乃死。思之而不舍，內困外薄(6)，不蚤為圖，生將巽舍(7)。食莫若無飽，思莫若勿致(8)，節適之齊(9)，彼將自至(10)。

【注釋】

(1)搏氣如神：「搏氣」又作「專氣」，收攝集聚精氣。「如」，達到。

(2)吉凶：當作「凶吉」（王念孫說）。〈心術下〉與《莊子‧庚桑楚》均作「凶吉」。「吉」與「一」同叶質部韻。

(3)已：義同「止」，謂持意靜定。

(4)得之己：謂己心有所悟覺。

(5)雖遠若近：「遠」，指未來吉凶之事。

(6)內困外薄：「內」指心。「外」指內心所思慮之事。「薄」同「迫」。

(7)生將巽舍：「生」，生命。「巽」同「遜」，退讓、離開。「舍」，指軀體。

(8)食莫若無飽，思莫若勿致：意謂要人節食適思。尹知章注：
「飽食者善閉塞，致思者多困竭。」

(9)節適之齊：「節適」，節制適度。「之」，達到。「齊」，中和。

(10)彼：指長生、長壽。

【今譯】

收攝結聚精氣達到神奇的境界，萬物就能盡存於胸中。能夠專心一意嗎？能夠不需卜筮就能預知未來凶吉嗎？能夠持意靜定嗎？能夠不求諸外界而自我悟覺嗎？反覆地思考問題，在百思而不通的時候，就會有鬼神幫助開竅，但這並非真的是靠什麼鬼神的力量，而是精氣結聚已達至極致的結果。

形體端莊，氣脈安詳，心意專一，耳目正定，則未來吉凶之事雖遙遠卻如近在咫尺般昭然明瞭。

思索產生智慧，懈怠疏忽引來患禍，凶暴驕傲導致仇怨，憂鬱帶來疾病，疾病困迫終會導致死亡。思慮過度而不休止，就會內心受困，外事迫壓，不早設法擺脫，生命就會結束。人們都知道飲食不能過飽的道理，其實思慮也同樣不能過度。節制思慮達到最恰當的程度，人自然就會長壽。

【詮釋】

先秦典籍中，「精氣」概念首見於此。本章還提出「摶氣」說，以及「一意摶心」、「思索生知」等重要命題。分述如下：

一、摶氣說

「摶氣如神」的名句即出自本章。所謂「摶氣」意即聚氣的方法在於「專一」。人若能虛靜其心，使得精神專一、集氣於中，便能達到如神的化境。此說來自《老子》第十章所謂的「專氣致柔」，但較《老子》之說來得更加傳神且入木三分。

所謂「摶氣如神，萬物備存」，是說當聚氣達到如神的境界時，便可使萬物畢得於一己之內心。孟子所謂「養吾浩然之氣」、「萬物皆備於我」，其說或源於稷下道家。

二、思索生知

「思索生知」意指知識是由思索而來的。所謂「知」指的是客觀性的知識，這和《莊子》書中的「知」有著不同的意含，《莊子》中所謂的「知」大多是指主體性的智慧，兩者有著極其不同的走向。〈內業〉所謂的「思索生知」，實際上是對《老子》「為學日益」說的繼承和發揮，《老子》「為學日益，為道日損」並非是對為學的否定，而是指知識學問乃是由學習中累積而來的；因此，「思索生知」可以說是對《老子》「為學日益」說的更進一步說明。

十四

凡人之生也，天出其精，地出其形，合此以為人。和乃生(1)，不和不生。察和之道，其精不見(2)，其徵不醜(3)。平正擅匈(4)，論治在心(5)，此以長壽。忿怒之失

度(6)，乃為之圖。節其五欲(7)，去其二凶(8)。不喜不怒，平正擅匈(9)。

凡人之生也(10)，必以平正。所以失之，必以喜怒憂患。是故止怒莫若詩，去憂莫若樂(11)，節樂莫若禮，守禮莫若敬。內靜外敬，能反其性，性將大定。

【注釋】

(1)和乃生：和合就有了生命。另一解，有了和氣就有生命。〔今譯〕採後者。

(2)精：指和氣的精微。

(3)其徵不醜：「徵」，信驗。「醜」，類，比擬、況喻。「精」與「徵」源於《老子》第二十一章「其中有精，其中有信」。

(4)平正擅匈：此句重見下文，疑衍（丁士涵說）。

(5)論治：當作「倫理」（張佩綸，《管子學》），次序條理。

(6)忿怒：疑當作「喜怒」（丁士涵說）。

(7)五欲：指耳、目、口、鼻、心之慾望。

(8)二凶：即前後文之「喜」、「怒」。

(9)擅匈：「擅」，據有、佔據。「匈」同「胸」。

(10)生：性。

(11)樂：音樂。下文「節樂」之「樂」指喜樂。

【今譯】

人的生命，天賦予他精神，地賦予他其形體，兩者和合而形成人。有了和氣就有生命，沒有和氣就沒有生命。考察和氣，

其中的精微不可察見，其中的信驗也不可言喻。次序條理存於
胸中，這樣便能長壽。喜怒過度，就要設法調控。要節制聲色
等五種欲望，去除喜怒兩大禍害。不妄喜妄怒，讓平和中正的
品格佔據胸中。

　　人的生性本當平和中正來主宰，平正之性所以失去，一定
是因為喜怒憂患等的侵襲。所以說詩可以節制忿怒，音樂可以
去除煩憂，禮可以調節喜樂，行為謹敬可以持守禮儀，內心靜
定可以端正行為。內心靜定行為端正，可使平正的本性復歸，
並使本性保持穩定。

【詮釋】

　　這一章提出了許多重要的觀點，如：天地人的關係、察和
之道、禮樂的文化薰陶、外敬內靜以及反性的主張。

一、天地人一體觀

　　稷下道家認為：人是由天地和合而生，人的精神由天而來，
人的形體由地而來。因此，天地乃是人存在的母體。這不只是
體現了古代道家將人和宇宙視為不可分關係的具體論說，也是
道家天地人一體觀的具體說明。

二、和諧之道

　　稷下道家特別重視由天與地的作用所產生的精與形之
「和」，以為天地的和諧方能產生人形體精神的和諧，這觀點在
《老子》思想中已經有所透露，如第四十二章：「萬物負陰而抱

陽，沖氣以為和。」又如《莊子・田子方》：「至陰肅肅，至陽赫赫；肅肅出乎天，赫赫發乎地，兩者交通成和而物生焉。」這和諧的觀念表現在萬物生成之一面。

總之，和諧觀在道家各派中均受到特別的強調，無論身心的和諧或人與天地的和諧。

三、詩樂的文化薰陶與反性之說

人秉賦了天地的和諧而生，能達到身心的和諧，是因為天地具有平正的特性，因此人也秉賦了安寧的特性，故提出了返性之說，人本具有安和之性，因受外界的攪擾而失去和諧——如何返性、定性，就成了稷下道家十分重視的課題，在這裡稷下道家不僅提出了外敬內靜的修養工夫，還提出了詩、樂、禮的文化薰陶，這是老莊中所忽略的。

十五

凡食之道，大充(1)，傷而形不臧(2)；大攝(3)，骨枯而血沍(4)。充攝之間(5)，此謂和成(6)，精之所舍而知之所生。飢飽之失度，乃為之圖。飽則疾動，飢則廣思(7)，老則長慮(8)。飽不疾動，氣不通於四末(9)；飢不廣思，飽而不廢(10)；老不長慮，困乃遨竭(11)。大心而敢(12)，寬氣而廣，其形安而不移，能守一而棄萬苛(13)。見利不誘，見害不懼。寬舒而仁，獨樂其身，是謂雲氣(14)，意行似天。

【注釋】

⑴大充：飲食過飽。

⑵傷而形不臧：當作「氣傷而形戕」，與「骨枯血沍」相對（許維遹說）。「戕」，傷。

⑶大攝：飲食過少。「攝」，節斂。

⑷血沍：血脈凝滯運轉困難。「沍」，凝閉，停滯。

⑸充攝之間：饑飽適中。「之」猶「適」，「間」猶「中」。

⑹和成：指達到氣脈和諧運作的境界。

⑺廣思：緩慢思慮（戴望說）。

⑻長慮：郭沫若以為當作「忘慮」。按：疑當作「畏慮」之義。

⑼四末：四肢。

⑽飽而不廢：「飽」疑作「食」（戴望說）。「廢」讀為「發」，發散消化（張佩綸說）。

⑾乃：猶「而」，連詞。

⑿大心而敢：丁士涵以為「敢」當作「放」。

⒀能守一而棄萬苛：「守一」猶「營魄抱一」（《老子》第十一章）之「抱一」，謂心形相守合一。「苛」借為「疴」，疾病。

⒁雲氣：當即前文之「搏氣」。「雲」與「員」、「圓」同，《說文》圓，團也，《文選》注引司馬云「搏，團也」。又或以當作「靈氣」或「運氣」。

【今譯】

　　就人的飲食規律而言，過飽則毀傷脈氣、損害形體；過饑則筋骨枯損、血液滯結。饑飽適中，這便是達到了氣脈和諧運

作的境界，也是精氣匯集而智慧生發的原因。飲食饑飽失調，就必須設法調節。飲食過飽就快運動，過饑就要柔緩思慮，衰老就要避免思慮。如果吃得過飽又不盡快運動，則脈氣不能通達四肢；過饑卻不緩思，則雖進食也難於消化；衰老卻不盡量避免思慮，則身心困疲而迅速衰竭。心胸開闊，浩氣舒廣，形體安閒，四肢堅固，就能身心合一百病盡除。見利而不迷惑，臨危而不憂懼，身心寬舒而仁愛萬物，居處平易自得其樂，這就是搏氣的境界，人的意氣精神也將往來自如似運行於天宇之間。

【詮釋】

本篇反覆依養形、修身、聚氣這主題來論述。

本章具體地提出了稷下道家的養生論。這裡不僅認為養生要適度，並說明了適度養生的具體內容：主張養生不僅要在飲食、思慮上加以調節，更重要的是調息體內的真氣——即「雲氣」，如此便能「意行似天」，使人的精神意氣往來自如，自由地運行於天地宇宙之間，這實際上是「搏氣如神」的情境表現。在人格氣象上並能達到「大心而敢，寬氣而廣」、「寬舒而仁，獨樂其身」，這種對搏氣後所達到的人格氣象的描述，猶如尼采在《查拉圖斯特拉如是說》最後一章所描繪的強健且燦然的昂然神態：「翌日清晨，查拉圖斯特拉從他休息之處躍起，束緊腰帶，走出他的洞穴，強健且燦然，好似旭日升起於黑暗的群山之中……」

總而言之，稷下道家將形上之道具象化而為精氣，並視精

氣為一切生命之源，認為養護精氣不僅可使人健康、長壽，更可以積德成智，養育出一種昂然開闊、頂天立地的人格氣象。

十六

　　凡人之生也，必以其歡。憂則失紀，怒則失端。憂悲喜怒⑴，道乃無處。愛欲靜之，遇亂正之⑵。勿引勿推，福將自歸。彼道自來，可藉與謀⑶。靜則得之，躁則失之。靈氣在心⑷，一來一逝，其細無內，其大無外。所以失之，以躁為害。心能執靜，道將自定。得道之人，理丞而屯〈毛〉泄⑸，胸中無敗。節欲之道，萬物不害。

【注釋】

⑴喜怒：疑當作「忿怒」。「憂悲」承「憂則失紀」說，「忿怒」承「怒則失端」說。

⑵遇亂：當作「愚亂」（章炳麟，《管子餘義》），愚妄邪亂。

⑶可藉與謀：即可藉之以謀。「藉」，憑藉。「與」猶「以」，連詞。

⑷靈氣：指精氣在心已生為智慧者。

⑸理丞而屯〈毛〉泄：「理」，腠理，指皮膚之間。「丞」同「蒸」，散發。「屯」為「毛」字之訛（王念孫說）。

【今譯】

　　人的生性，必以歡暢。憂悲則失條理，忿怒會失端緒。憂

悲忿怒，則精氣不能留處。貪愛欲利之情應當靜止它，愚妄邪亂之心應當矯正它。不強求取，不強推亂，福氣會自然來歸。道的歸來，可憑藉它去謀事應物。靜定則得道，躁動則失道。靈氣往來於胸中，其精微不可再分割，其廣大不可究其極。人們所以會失去它，是由於躁動為害。心能守靜，精氣自然留止。得到精氣的人，體內惡氣會經過皮膚毛孔蒸洩於外，胸中毫無腐敗邪穢之物。節制欲望的道理，就是使萬物不能為害於人。

【詮釋】

如前所說，稷下道家繼承了老子的形上之道，並將道轉化為精氣，而以「心」、「氣」作為主要的論述範疇。所謂「精氣」是極精靈細微之氣，所謂「道乃無處」、「彼道自來」、「道將自定」之「道」即是「精氣」的同義詞。這精氣是「其細無內，其大無外」的，彌漫充塞於宇宙之間，且是無所不在的。

人若要將此精氣留止於「心」，那麼就應當保持心情的歡暢，力圖消除情緒上憂悲喜怒的拘著束縛，心更要執守靜定，戒躁節欲，並加以養護，如此精氣自能留處於心；得此精氣之人，不僅能長壽健康，更能養成心胸開闊、志氣昂揚的人格氣概。

〈心術上〉注譯與詮釋

「心術」亦即心的功能。本篇探討心在認識過程中的作用而申論君主治國的方法。開篇提出心體君位之說，末了闡述「貴因」主張。它是稷下道家藉「心術」而推衍「主術」的一篇重要論文。

本篇分前經後解，經文和解文均分為五章。郭沫若《管子集校》謂：「上篇前經後解，經乃先生學案，解乃講習錄。」經文和解文第一章論說心與九竅異職、君上與臣下異事。經文和解文第二章論說聖人無求無設之虛道。經文和解文第三章論說道德與義、禮、法相互之關係。經文和解文第四章論說真人不主觀預設的因順態度。經文和解文第五章論說循名責實的應物之道。經文和解文第六章論述聖人虛而無為的「靜因之道」。

經·一

心之在體，君之在位也；九竅之有職，官之分也。心處其道，九竅循理。嗜欲充益⑴，目不見色，耳不聞聲。故曰⑵上離其道，下失其事。毋代馬走，使盡其力；毋代鳥飛，使弊其羽翼⑶；毋先物動，以觀其則⑷；動則失位，靜乃自得。

【注釋】

(1)充益：即充溢、過度。

(2)故曰：這兩字涉解文之「故曰」而抄衍（戴望、俞樾說）。

(3)使弊其羽翼：「弊」同「敝」，盡。「羽」蓋衍字（陳奐說）。

(4)以觀其則：謂靜觀事物運動的法則。「則」，法則，規律。

【今譯】

心在人體，如同國君居於統治地位；九竅各具功能，如同百官各有分職。如果心按正常規律活動，則九竅運作都有條理。嗜欲過度，則目不能視色，耳不能聽聲。這就好像君上不遵道而行，則臣下必荒誤職事。不要代替馬去奔跑，讓牠竭盡自己的足力；不要代替鳥去飛翔，讓牠充分使用自己的羽力；不要在事物未顯現幾微時便率先行動，要靜觀事物運動法則。妄動就會離失君上所應處的位置，虛靜自守乃能自得自如。

【詮釋】

一、心與九竅各異其事，延伸君與臣各異其能

本章論及三層重要的政治觀點，首先由心形關係論說君臣異職；其次提出君上無為臣下有為的分工原則；再者提出「以觀其則」的認識方法。

稷下道家由「心術」引論「主術」，篇首開宗明義地宣說：「心之在體，君之在位也；九竅之有職，官之分也」，此乃由心形關係在個人整體中之不同作用，以喻君臣在國家整體中之不

同職分。這種由「心」的功能引出治理國政的方法，與柏拉圖理想國的主張頗為相似。但柏拉圖由治身而治國的理論，旨在鞏固君主專政及貴族統治，而戰國黃老則繼承老子無為思想，意在限制君權私意的擴張。道家之「無為」並非放手不為，老子主張「為無為」，要求君主之作為不踰一己之本分，本含順應民情之意。稷下道家為順應時代需求，繼承老子不干預的無為思想，並賦予其新的內涵，將老子「無為而無不為」轉化為「君上無為而臣下有為」。

戰國中後期，官僚制度之興起，百官共治之態勢業已形成。黃老以此首次提出含蘊幾層意義之分工治國原則，以應和時代之呼聲：首先要求君主不得濫施權力，此即「毋代馬走」、「毋代鳥飛」，正是老子「無為」及莊子所言勿「越俎代庖」之精神。其次，各級官吏分層負責各司其職，正乃「處道循理」之論。所謂「處道」，指向君主僅需掌握重大政策，規劃主要方向，不必抓緊權力不放。

在君臣分工之原則下，稷下道家提出「靜乃自得」及「以觀其則」的命題。前者曉諭君主須稍安勿躁，躁動失位及君主越權乃黃老所忌；後者所謂「毋先物動，以觀其則」，乃要人客觀認識外在的情勢，進而掌握其可行的通則。由靜觀到尋求外在事物運行之法則，「以觀其則」一命題正是治國之道認識層面的基礎。

歸結而言，此章乃由老學到黃老之學一脈相承之發展。由治身到治國乃「一理之術」，在《老子》中即可發現此思想之線索，如第十章所言：「載營魄抱一，能無離乎？專氣致柔，能嬰

兒乎？滌除玄覽，能無疵乎？愛民治國，能無為乎？」此即由治身推及治國。又第五十四章言及「故以身觀身，以家觀家，以鄉觀鄉，以國觀國，以天下觀天下」亦然。因此在〈解一〉中所言「心術者，無為而制竅者也，故曰：『君』」，所謂「心術」實乃主術。

老學泛言君道，黃老則進而倡君臣之職能區分。就戰國時期之思想趨勢而言，黃老此等君無為而臣有為且各司其職的主張，實為時代之主流思潮。如《荀子》〈天論〉、〈解蔽〉等篇中所謂「心體君位」之說，亦顯受黃老思潮影響。

二、「道」與「理」之關係

此章將「處其道」與「循理」並提，並言及其中的因果關係，此涉道家「道」與「理」一對重要哲學範疇。老子未言及「理」字，然「常」的思想，已指明事物運行變化中有著不變的律則存在。至《莊子》，「理」的重要性則躍然於紙，而「萬物殊理，道不私故無名」（〈則陽〉）以及「知道者必達於理」（〈秋水〉），更是「道」與「理」並言。而後《韓非》在〈解老〉中，似將《老子》第十四章所言「是謂道紀」之「紀」解為「理」，並引進「理」來解釋老子的「道」，所謂「萬物各異理，而道盡稽萬物之理」。

如此「道」、「理」並言，在黃老之代表作品《黃帝四經》中尤為重要，如「逆順同道而異理」（〈四度〉）、「執道而循理」（同上）、「正道循理」（〈論〉）等。在莊子思想中，「理」同時指涉萬物殊別之特性（「萬物殊理」）及其存在變化之真相（「萬物之理」），

「道」則是其形上根據。然而在黃老思想中，「理」的提出卻有著特殊的意義。從本章「處道循理」作為政治層面的根本原則，再參考《黃帝四經・經法・四度》中所言「天地之道，人之理也」，則知「理」在黃老思想中，是特就「道」落實在人事層面，特別是政治作為上取法天道而有的行事原則。在理論上，「理」一概念具有連接抽象的形上之道與具體人事作為的關鍵意義。

解・一

　　「心之在體，君之位也；九竅之有職，官之分也。」耳目者，視聽之官也。心而無與於視聽之事，則官得守其分矣。夫心有欲者，物過而目不見，聲至而耳不聞也，故曰「上離其道，下失其事。」故曰心術者(1)，無為而制竅者也，故曰「君」。「無代馬走」，「無代鳥飛」，此言不奪能，能〈而〉不與下誠〈成〉也(2)。「毋先物動」者，搖者不定，趮者不靜，言動之不可以觀〔其則〕也(3)。「位」者，謂其所立也。人主者，立於陰；陰者靜，故曰「動則失位」。陰能制陽矣，靜則能制動矣，故曰「靜乃自得」。

【注釋】

(1)心術者：今本「心術」前衍「故曰」兩字。據王念孫校刪。

(2)不奪能能〈而〉不與下誠〈成〉：下「能」字讀「而」，「誠」當作「成」（于省吾、吳汝綸說）。「成」有齊平、重複之義。「不

奪能而不與下成」是說君臣分工各異而不相重複。

⑶毋先物動者，搖者不定，趮者不靜，言動之不可以觀〔其則〕
也：「趮」同「躁」。「觀」下今本脫「其則」二字（丁士涵說）。
依解文體例，「言」字當前移至「搖者不定」句上。

【今譯】

「心之在體，君之位也；九竅之有職，官之分也」。這是說
耳目為視聽的官能，心如果不干預視聽之事，則視聽等官能便
可各守其職。心存貪欲，則目不能視物，耳不能聽聲，所以說：
「上離其道，下失其事」。心的功能，當無為而控制九竅，所以
稱為「君」。「無代馬走，無代鳥飛」，是說君上不剝奪臣下的職
能、不與臣下的工作等同。「毋先物動」，是說搖動便不能正定，
躁疾便不能安靜，搖動躁疾便無法觀照事物運動的規律。所謂
「位」，是指君主所處的位置。作為君主，應當處在陰的位置上，
陰屬靜，所以說「動則失位」。處於陰的位置便可制伏陽，處於
靜的位置便可制伏動，所以說「靜乃自得」。

【詮釋】

本章解文強調君道之不干涉思想：所謂「無與於」、「不奪
能」，便是將無為思想賦予不得越權干涉臣民的明確規範。

所謂「心術者，無為而制竅者也」，已將「心術」擴延至「主
術」。所謂「無為而制竅」，即是人君作為要保持冷靜客觀的態
度，切忌急躁輕率以行事。這也是老子所謂「靜為躁君」之說
的引申。

　　君道需遵守著三個基本原則：一是「無與於」；二是「不奪能」；三是「靜能制動」。第一條原則，在於限制君主權力運用上的主觀隨意性。第二條原則，在於規定君主之不得越位侵職行為。第三條原則，在於曉喻君主要在建立君臣職能之區分法則以及著意於掌握重要的治國方案上。總之，這三原則要在減低人治的為害而具有法治的傾向，這正是黃老主「時變」的時代精神之體現。

經・二

　　道不遠而難極也，與人並處而難得也。虛其欲，神將入舍⑴；掃除不潔，神乃〈不〉留處⑵。人皆欲智，而莫索其所以智乎⑶。智乎，智乎，投之海外無自奪⑷。求之者，不及虛之者⑸，夫正〈聖〉人無求之也，故能虛無⑹。

【注釋】

⑴神將入舍：「神」，指道、精氣。「入舍」，歸來並留止。

⑵掃除不潔，神乃〈不〉留處：「掃除」，喻指清淨心神。「不潔」，指掃除之不徹底、不乾淨。「乃」為「不」字之訛，解文云「不潔則神不處」可證。

⑶乎：衍字（王念孫說）。

⑷投之海外無自奪：「自」，從（尹注）。此言真正的智慧是遠投海外他人也無從奪走的。

⑸求之者，不及虛之者：「及虛」今本作「得處」。「得」當作「及」，
　草書形近訛。「處」當為「虛」字之誤。依郭沫若之說改（《管
　子集校》，下引同）。
⑹夫正〈聖〉人無求之也，故能虛無：「正」為「聖」之音訛，
　「虛無」之「無」字衍（王念孫說）。

【今譯】

　　道離人並不遙遠卻難以探求它的究竟，與人共處卻難以讓
人獲得。虛心捫欲，精氣就將進入心裡；不掃除污濁的物欲，
精氣便不會停留下來。人們都希望聰明靈慧，但卻不知考察如
何才能獲得智慧。智慧呀，智慧呀，遠投海外他人也無從奪走。
求索智慧，不如保持內心虛淨，聖人無所索求，所以心胸能夠
虛空開豁。

【詮釋】

　　本章論及「道」、「虛」以及「智」三項要點，分述如下：

一、論道以及道與人心的關係

　　老子之「道」具有的玄遠性格，使其未和心發生直接關聯，
「道」須透過「德」才落實下來而具人文意義。至戰國中期，
在莊子與黃老等道家思想的進一步發展中，「道」始與「心」密
切相關。

　　莊子在論及「心齋」時言「虛者，心齋也」（〈人間世〉），以
「虛」為「心齋」的內涵。而又言「唯道集虛」（同上），「心齋」

之「虛」能明「道」，則「道」已然密切落實在「心」中。

稷下道家則將老子的形上之「道」具象化而為「精氣」，使其和人「心」發生直接的關聯。「心」和「道」的關聯表現在互攝的兩層意義中：一方面，心以「虛」、「靜」等工夫而納聚道之精氣，增強人身心之生命能量，並開展出明達的智慧與德行；同時，「心」亦透過虛、靜而在此等飽滿的生命力中，展現明睿之認識能力，來認知「道」的形上律則與價值原理，進而落實至人間層面以為人事指導。可以說，同時涵蘊「精氣」性質與形上律則性質之「道」，透過人「心」以「虛」等工夫之修養而加以聚納及認識下，它雖似玄祕然而卻已密切的不離人身。此即本章所言「道不遠而難極也，與人並處而難得也。虛其欲，神將入舍」。「道」如此透過人心而與人不相離之意涵，亦見於〈內業〉：「彼道不遠，民得以產；彼道不遠，民得以知」、「夫道者，所以充形也……卒乎乃在於心」以及「道滿天下，普在民所」之論。

二、「虛」的認識意義

在《老子》，「虛」主要蘊含二層意義，其一指向空間，如「天地之間，其猶橐籥乎？虛而不屈，動而愈出」(第五章)；其次則是心境的描述，所謂「致虛極，守靜篤，萬物並作，吾以觀復。」(第十六章) 而「虛」指向心境的意義中，其中所內蘊的認識意義，亦即以主體之「虛」而「觀」萬物復命之「常」，則在稷下道家得到深刻的發揮。

「虛」是稷下道家之重要概念，第二章之經文與解文，「虛」

即出現八次；而在整篇〈心術〉中，「虛」更是多達二十見。「虛」到了稷下道家，老子「虛」的意義已然得到更細膩的發揮。就空間意義而言，稷下道家一方面將「虛」提升至形上之「道」的層次，所謂「虛無無形之謂道」（〈心術上〉）；同時說「虛者，萬物之始」，又將其意義提高至萬物之始的宇宙論層級中。

在認識論層面，老子「虛」以「觀復」的認識意含，是涵納在心靈境界整體的展現中，老子未就此認識功能加以關注。而稷下道家則將「虛」的意義引入認識過程中，主體與客體彼此關係之層面。「虛」成為主體得以如實認識客體所必須具有的前提，此前提即是「無求」的心態，亦即排除主體之成見與貪欲。

三、重智說

老、莊並不反智，只是著重反省機心與智巧所造成的負面結果，而稷下道家則呈現出重「智」的思想傾向。除了本章經文說「智乎！智乎！投之海外無自奪」，重「智」之說亦可見於其他稷下道家作品。如《管子・宙合》言「聰明以知則博」；〈樞言〉亦言「國有寶、有器、有用。……聖智，器也。……先王重其寶器……」。

除了反映稷下道家重「智」的思想，本章經文尚且討論了「智」與「所以智」之別。「知」與「智」二字雖在古籍中常通用，不過若細加分別，「知」著重於指向意識中的認識內容；而「智」則是指認識內容徹底內化於認識主體，進而影響其身心。前者有知識義，後者則是智慧的彰顯。

　　稷下雖重「智」，但更深入探討獲得「智」的基礎。而這尤其著重指出認識主體欲成就智慧所需具有的心靈境界。經文所言「求之者，不及虛之者」，「虛」正是「所以智」在主體認識基礎上的具體意義。

解·二

　　道在天地之間也，其大無外，其小無內，故曰「不遠而難極也」。虛之與人也無間，唯聖人得虛道，故曰「並處而難得」。世人之所職者精也⑴，去欲則宣⑵，宣則靜矣；靜則精，精則獨立矣⑶；獨則明，明則神矣。神者至貴也，故館不辟除⑷，則貴人不舍焉，故曰「不潔則神不處」。「人皆欲知，而莫索之⑸」。其所以知，彼也⑹；其所以知，此也⑺。不修之此，焉能知彼？修之此，莫能虛矣⑻。虛者，無藏也⑼，故曰去知則奚率求矣⑽？無藏則奚設矣？無求無設則無慮，無慮則反覆虛矣⑾。

【注釋】

⑴世人之所職者精也：「職」，主。「精」指心意專一 (趙守正說)。

⑵宣：通暢。

⑶獨立：「立」字衍 (劉師培說)。「獨」，純粹。

⑷故館不辟除：「故」字疑衍。「辟除」，打掃、掃除。

⑸而莫索之：「之」指代經文的「所以智」。

⑹其所以知，彼也：「以」字衍 (吳汝綸說)。「彼」，指外界，是

認識的對象。

(7)此：指內心，是認識的主體。

(8)莫能虛矣：「能」讀為「而」，如 (張文虎說)。

(9)無藏：不懷藏機心，指心中不懷成見。

(10)故曰去知則奚率求矣：「曰」、「率」二字衍 (王念孫說)。「奚」，何。

(11)反覆虛：「反覆」即「返復」，謂還歸於虛無。

【今譯】

　　道存在於天地之間，它可以包羅廣大的宇宙，也可以深入細微的事物中，所以說「不遠而難極」。眾人與虛並無間隔，但只有聖人才能得到虛道，所以說「並處而難得」。世人應做到的是心意專一，去除欲念九竅就能通暢，九竅通暢心境就能安靜下來；心境安靜下來就能專一，專一就能純粹；純粹就能精明，精明就能出神入化。道是至為尊貴的，心舍沒有打掃，道這個貴人就不會居處，所以說「不潔則神不處」。「人們都希望聰慧，卻不知如何求索才能聰慧」。人們認識的對象，是外界事物；人們所以能夠獲得知識，乃在於人的本心。不修持本心，哪裡能夠獲得對外界的認識？修持本心，最好的辦法莫如使它處於虛的狀態。所謂虛，是指排除主觀的嗜欲成見，所以去除了智巧還有什麼可求取的呢？不懷機心還有什麼可預設的呢？無所求取、無所預設就無需圖慮了，無所圖慮就能還歸於虛的境界了。

【詮釋】

　　本章解文乃就經文關於「道」、「虛」之論加以深化，一方面闡述道的遍在性；同時由「虛」引出「靜」、「精」、「獨」、「明」、「神」等概念，並闡明「虛」在此與彼的認識關係中，所具有的關鍵地位。

一、將道之「不遠而難極」以「其大無外，其小無內」解之

　　老子之「道」為四域之一，呈現出超越於萬物的獨立實存性。至戰國中期，老學經由莊子以及稷下道家的進一步發展，其中「道」的意涵已呈現出空間的無限性。

　　莊子透過東郭子問道之惡乎在，言明道之「無所不在」且「無逃乎物」。而〈天道〉篇中亦言「夫道，於大不終，於小不遺，故萬物備。」「道」的「無所不在」，顯現出它的無限性，並已落實為遍在於萬物之中。

　　稷下道家亦將老子的玄遠之道，既泛化為無所不在，又內在於萬物之中。解文所言的「其大無外，其小無內」，正和「其細無內，其大無外」（〈內業〉）、「大之無外，小之無內」（《管子・宙合》）等稷下道家之說，同是闡發「道」的無所不在。

二、「虛」認識意義之闡發

　　解文首先由「虛」層層引出「靜」、「精」、「獨」、「明」、「神」等概念，以此強調「虛」在精神修養上的關鍵性。

　　其次，以「彼」與「此」分別代表認識上所知之客體與所

以知之主體，並強調主體需修養出靈明之心境，方能如實認識客體。而「虛」正是心境修養最為關鍵之工夫，亦即解文所言「修之此，莫能虛矣」。

「虛」即是「無藏」。在認識上指認知主體之內心不預設成見，不用心圖慮。主體不被一己之成見蒙蔽，則能呈顯靈明之本心。

經·三

虛無無形謂之道(1)，化育萬物謂之德。君臣、父子人間之事謂之義(2)。登降揖讓、貴賤有等、親疏之體謂之禮(3)，簡物小大一道(4)，殺僇禁誅謂之法。

【注釋】

(1)虛無無形：當作「虛無形」。《文選》注引此句有的本子即作「虛無形」。《黃帝四經·經法·道法》「虛無形，其寂冥冥」是此辭例。王念孫則以「虛無無形」作「虛而無形」。

(2)君臣父子人間之事謂之義：「事」當作「理」(郭沫若說)。「理」，條理，指人們之間具有合理性的聯繫。

(3)登降揖讓、貴賤有等、親疏之體謂之禮：「登降揖讓」，指主賓相見的規矩儀節。「有等」二字為衍文 (張舜徽說)。「體」，體統，指不同身分者之間關係的合乎體統。

(4)簡物小大一道：「大」，今本作「未」。「未」疑「大」字之誤 (丁士涵說)。「簡」與「物」對文，「物」有眾、雜之意。「簡

物小大一道」，言不問事之繁簡、物之大小，其本一也（郭沫若說）。

【今譯】

虛而無形，稱為道；化育萬物，稱為德。君臣父子等人間關係各得其宜稱為義；升降揖讓、貴賤等級、親疏體統，稱為禮；無論繁簡大小的事務都遵守同一原則，並輔之以殺戮禁罰，這稱為法。

【詮釋】

本章經文一方面言及「道」之體、用問題；同時由此引出「義」、「禮」、「法」的社會作用。

一、道之體、用

經文首先描述道體的虛無無形，繼而言德而具體展現其化育萬物之作用，此乃承《老子》第五十一章「道生之，德畜之」道與德之關係而來。

虛無無形之道體在創生萬物之後，並非即和萬物毫不相關，而是繼續內在於萬物，成為畜養萬物的化育力量。這化育萬物的功能，老子稱之為「德」，道與德因此成為老子宇宙論中解釋萬物生成最為重要的一組範疇。然而老子的道、德範疇，顯然不限於宇宙論層面。就形上層面而言，「道」可以指向萬物的存在基礎。若落實於人來說，存在基礎則具體展現為價值根源。只是「道」的價值根源亦須透過「德」來展現其人間秩序合理

維繫之規準。此是道用在價值層面的具體意義，而經文所言及的道之體、用，亦正在此意義脈絡中。

二、「義」、「禮」、「法」的社會功能

　　「道」透過「德」而落實為人的價值要求，此包含人間秩序合理維繫之規準。若分別而言，此等規準即經文所論維持君臣父子合宜關係之「義」、區別尊卑貴賤之「禮」，以及結合賞罰以齊一事務之「法」。

　　經文提綱挈領的將「道」、「德」與用以維持社會秩序之「義」、「禮」、「法」等規範並論，一方面呈現出黃老因應戰國宗法制度愈形複雜，甚而周文已然禮崩樂壞之時代情勢而提出的正面因應；同時也可看出黃老稟承自老子，而為此等社會規範奠立一形上價值依據的思維脈絡。

解・三

　　天之道，「虛其無形」。虛則不屈(1)，無形則無所位〈低〉赾(2)；無所位〈低〉赾，故徧流萬物而不變(3)。「德」者道之舍(4)，物得以生生，知得以職道之精(5)。故德者，得也；得也者，謂得其所以然也(6)。以無為之謂道，舍之之謂德，故道之與德無間(7)，故言之者不別也。〔人〕間之理者，謂其所以舍也(8)。「義」者，謂各處其宜也。「禮」者，因人之情，緣義之理，而為之節文者也(9)。故禮者，謂有理也；理也者，明分以諭義之意

也⑽。故禮出乎義，義出乎理，理因乎宜者也⑾。「法」
者，所以同出⑿，不得不然者也，故殺僇禁誅以一之也。
故事督乎法⒀，法出乎權⒁，權出乎道。

【注釋】

⑴不屈：此句本於《老子》第五章，「不屈」，不竭。

⑵位〈低〉：「位」字當作「低」，即「抵忤」（王引之說），抵觸。

⑶徧流萬物而不變：「流」，化（《廣雅・釋詁三》）。此言道化萬物
　而自身不變。

⑷舍：施，施用。

⑸物得以生生，知得以職道之精：「生生」，有變化與不斷產生
　新物的意思。「知」同「智」（張秉楠說）。「職」通「識」（張文
　虎說）。「精」，精微，底蘊。按：此處原文或當作「物得以生，
　生得以智，知得以職道之精」。

⑹謂得其所以然也：今本作「其謂所得以然也」，據郭沫若《管
　子集校》改。「所以然」，指道。

⑺故故道之與德無間：「故」字疑衍。

⑻〔人〕間之理者，謂其所以舍也：「間」上脫「人」字（郭沫
　若說）。「其」指道。「舍」，施用。此言人間之理，即是道的具
　體施用。

⑼為之節文：設制各種儀節。

⑽明分以諭義：「明分」，分清各種等級身分。「諭」，明曉。

⑾禮出乎義，義出乎理，理因乎宜：此當作「禮出乎理，理出
　乎義，義因乎宜」（王引之說）。

⑿同出:「出」,謂參差。「同出」,謂統一其參差 (郭沫若說)。按:
「出」疑為「之」字之訛。「之」、「出」形近,並涉前後文之
「出」而訛。《儀禮》之「出」字,武威出土竹簡即有寫作「屮」
(之) 者。「同之」即下文的「一之」,換文同義。

⒀督: 監督,監察。

⒁權: 權衡。

【今譯】

　　天道虛而無形。因為虛所以不會枯竭,因為無形所以無所
抵忤;無所抵忤,所以普化萬物而它自身不會改變。德是道的
具體體現。萬物藉它得以生生不息,心智藉它得以體認道的精
蘊。因此德就是得的意思,所謂得,是指萬物得到它本然的東
西。因為無為被稱作道,施用被稱為德,道和德之間本沒有間
隔,所以人們稱呼它們的時候也就往往不區別。所謂「人間之
理」,指的就是道的具體施用。所謂的「義」,是指使事物處置
合宜。所謂「禮」,就是因依人的情性,順隨義的道理而制定的
各種儀節。所以禮就是指事物之間聯繫的合理性,理是指分清
各種等級身分並使人懂得義的意思。因此禮是出於情理的,情
理受義的制約,而義是順隨事物之間的合宜性。法,是用以齊
同事物,因為客觀本身存在著不得不如此的情形,所以只好通
過殺戮禁誅來統一協調它們。所以說事物要由法來監察,法要
經過慎重的權衡來制定,而權衡的根據就是道。

【詮釋】

解文繼續闡發道與德之關係，並論及「禮」在人情義理上之根據，同時深入闡發援禮、法以入道之深義。

一、道與德之關係

解文首先言及道體生化萬物而自身卻是不變，亦即「徧流萬物而不變」。「德」則是「道」作用於萬物的體現，換句話說亦即是萬物稟承自「道」者。此即解文所言「德者，道之舍」以及「德者，得也；得也者，謂得其所以然」之意。

另外，解文論及「天道」乃是「虛則不屈」，而《老子》第五章言「天地之間，其猶橐籥乎？虛而不屈，動而愈出」，因此，所謂「物得以生生」一方面承繼老子道之「周行而不殆」，反覆運行而令萬物化育不已之生化力量；同時亦可看出〈繫辭〉中所謂「生生之謂易」，正源於稷下道家此種生生不息的精神。

二、禮者，因人之情，緣義之理

禮之所以要設制各種禮節，在於使社會中人明確個人的名分與職守。稷下道家於此，則特別強調禮的因順人情之重要，並且要求情、理能夠平衡兼顧。

時至戰國中期，儒家倡導之禮已然成為僵化之虛文，以致違逆人情義理。故而稷下道家提出「因人之情」的禮觀，為禮節儀文溯源人性之基礎。

稷下道家如此以人性情理為基礎之禮觀，正是符合時代要求。如莊子的人性反省，令其不免發出「仁義其非人情乎」之

嘆，而郭店楚墓出土竹簡如〈性自命出〉一篇，亦有「道生於情」之論，此等皆可代表當時重新思考禮、義等社會規範之人性基礎的思想氛圍。

三、援禮、法以入道

透過德的中介，道得以落實於人文層面而展現其價值根源意涵。而以此價值根源為依據，便可展現有本有源、合情適性包含禮、義等社會規範之人文活動。可以說，稷下道家即是將禮、法等視為道的延伸。在道的準則下，倡導法制與禮義教化的作用。

經‧四

大道可安而不可說。直〈真〉人之言⑴，不義不顧〈頗〉⑵。不出於口，不見於色，四海之人，又孰知其則⑶。

【注釋】

⑴直〈真〉人：「直」當作「真」（王念孫說）。

⑵不義不顧〈頗〉：「義」，讀俄，傾斜之意。「顧」，乃「頗」字之訛（郭沫若說）。

⑶又孰知其則：「又」字疑衍（丁士涵說）。

【今譯】

大道可以安處下來但不可以表述。真人之言，不偏不頗。其言不出於口，其理不形於色，四海之人，誰能知道它的儀則。

【詮釋】

本章經文首先論及「道」之不可言說性，此即承續老子「道可道，非常道，名可名，非常名」道之超越名言的論點而來。道對於人來說，乃是人透過虛、靜等工夫之修養，以使一己之身心涵納道之精氣，讓心靈臻於道之境域，即令「道」得以安處於「心」中。因此，道須經人親身修養以達，非言語論說之對象。

至於「真人」正是指向體道之人，經文中「真人之言，不義不頗」之敘述，則於《莊子》「古之真人，其狀義而不朋」（〈大宗師〉）之說有所稟承。

解・四

道也者，動不見其形，施不見其德，萬物皆以得，然莫知其極(1)。故曰「可安而不可說」也。「莫〈真〉人」，言至也(2)。「不宜」，言應也。應也者，非吾所設，故能無宜也(3)。「不顧〈頗〉」，言因也。因也者，非吾所顧〈取〉(4)，故無顧〈頗〉也。「不出於口，不見於色」，言無形也；「四海之人，孰知其則」，言深囿也(5)。

【注釋】

⑴萬物皆以得，然莫知其極：萬物皆因道而獲得生命，但卻沒
　人知道道的究竟是怎樣的。郭嵩燾說此二句當作「萬物皆得
　以然，莫知其極」，亦通。

⑵莫〈真〉人，言至也：「莫人」當作「真人」（王念孫說）。此言
　所謂真人，指的是得到至道的人。

⑶不宜，言應也；應也者，非吾所設，故能無宜也：此二「宜」
　字即經文之「義」。「不宜」、「無宜」，不偏之意。與下文「不
　顧〈頗〉」、「無顧〈頗〉」同義。

⑷非吾所顧〈取〉：「顧」當作「取」（俞樾、郭沫若說）。

⑸深圄：「圄」，用以隔閉的牆垣。「深圄」，深邃閉隔。

【今譯】

　　「道」，運動時不見它的形狀，施用時不見它的德能，萬物
都從它那裡獲得支撐，但沒人知道它的終極是怎樣的。所以說
「可安而不可說也」。「真人」，指的是得到至道的人。「不偏」，
說的是應物的道理。所謂應物，是指並非出於自己事前有所預
設，所以能做到不偏差。「不頗」，說的是因順的道理。所謂因
順，是指並非出於自己主觀擇取，所以不會有偏頗。「不出於口，
不形於色」，說的是無形的道理；「四海之人，孰知其則」，說的
是深邃閉隔的道理。

【詮釋】

　　體悟至道的真人，心態與行事既是不偏不倚，同時亦不留

滯於言語的表現中，此正為老、莊肯定的精神內涵。而稷下道家則將此精神內涵側重往具體行事與認識層面發展。

　　解文言及「真人」的依道而行，乃具體表現在不以個人主觀意志而強有所「設」有所「取」。反是以無私見之認識心如實掌握客觀環境情況，再同時順應情況而客觀行事，此即「因」、「應」之認識與行事原則。

經・五

　　天曰虛，地曰靜，乃不伐(1)。潔其宮，開其門(2)，去私毋言，神明若存(3)。紛乎其若亂(4)，靜之而自治。強不能徧立，智不能盡謀。物固有形，形固有名，名當，謂之聖人(5)。故必知不言〔之言〕(6)、無為之事，然後知道之紀。殊形異埶，不〈而〉與萬物異理(7)，故可以為天下始。

【注釋】

(1)伐：當作「貸」，即「忒」，過失 (俞樾說)。

(2)潔其宮，開其門：「宮」，館舍，喻心。「門」，指口、耳、目等感官系統。「開其門」，解文作「闕其門」，張文虎以為均當作「關其門」。《老子》第五十二章有云「閉其門」，指安靜感官。按：作「開其門」亦通。

(3)神明若存：智慧就產生。「神明」，此處指道、精氣。「若」，乃，於是。

(4)紛乎其若亂：「紛」，指嗜欲紛雜過度。「其」，指心。「若」，
　　乃，於是。

(5)名當謂之聖人：「名」，名稱，概念。「名當」疑當作「形名當」。

(6)不言〔之言〕：今本奪「之言」兩字，據後文解文增補。

(7)殊形異埶，不與萬物異理：「埶」即「勢」。「形埶」，指所處
　　之位置、環境。「不」當為「而」字之訛。此言所處位置殊異，
　　故而聖人與眾物異理。

【今譯】

　　天道虛，地道靜，無差誤。潔淨心舍，敞開官能，滌除私
欲而不妄言語，道便能安處下來。嗜欲紛雜心靈就會紊亂，安
靜下來就自然會有條理。靠強力成事終將有所不能，憑智巧謀
事畢竟有所不及。凡物皆有形態，有形態就有規定它的名稱，
使名稱與形態相符，這就稱為聖人。所以一定要先懂得不言之
言、無為之為的道理，然後才能懂得道的綱紀。萬物千差萬別，
所處位置、環境不同，聖人能因順萬事萬物不同理則，所以能
成為天下的主導。

【詮釋】

　　本章解文一方面論及「潔其宮，開其門」之認識心問題，
同時在「形名」問題上亦有所討論，而了解外在事物的「殊形
異勢」以及須「與萬物異理」之要求，亦為經文論述之要點。

一、「潔其宮，開其門」之認識心

人效法天、地之虛靜，天之虛闊能涵容廣大；地之凝靜能令萬物蓬勃生長。人的認識機能朝向外在世界，則一己須保持空虛而開暢之心境。能如此，則在紛紜萬物中方能理出一規律，方能獲得一清明之認識。能至此，即是道家所謂之「神明」。

二、形名問題

經文提出「物固有形，形固有名」的觀點，突出「形」與「名」兩者之客觀依存。並以「名當」之名實相符作為形、名兩者應有的適切關係。

「形」、「名」問題密切關聯社會政治層面，牽涉人物角色在實際作為與名分間的配合。解文除了同樣著眼於社會政治層面的關注，形、名問題的提出，則以深入至認識層面，由「名」、「實」間的關係，給予「形」、「名」在社會政治實際運作層面，提供一認識思維上的基礎。

三、「萬物異理」與「殊形異埶」之體認

聖人一方面要執守「道紀」，同時要能通曉「萬物異理」之殊別性，並能有「殊形異勢」時勢遷異之體認。在依循道的原則中，又能因順事物間殊異之理，以及情勢之隨時遷變而權宜行事，如此方能為萬物主導。

解·五

天之道虛，地之道靜。虛則不屈，靜則不變，不變則無過，故曰「不伐（貸）」⑴。「潔其宮，闢其門」⑵，宮者，謂心也，心也者，智之舍也，故曰「宮」；潔之者，去好過〈惡〉也⑶。門者，謂耳目也，耳目者，所以聞見也⑷。「物固有形，形固有名」，此言〔名〕不得過實，實不得延名⑸。姑形以形，以形務名⑹，督言正名，故曰「聖人」。「不言之言」，應也；應也者，以其為之人者也⑺。執其名，務其應，所以成之、應之道也⑻。「無為之道」⑼，因也，因也者，無益無損也。以其形，因為之名，此因之術也。名者，聖人之所以紀萬物也⑽。人者立於強，務於善，未於能⑾，動於故者也。聖人無之，無之則與物異矣⑿。異則虛，虛者，萬物之始也，故曰「可以為天下始」。

【注釋】

⑴不伐（貸）：當作「不貸」，即「不忒」，無過失（說見〈經·五〉）。

⑵闢其門：疑當作「闔其門」或「閉其門」（說見〈經·五〉）。或以為「闢」為「開」字之訛。作「闢」亦通。《漢書·王莽傳》注「闢，不合也」，不合其門即開其門。

⑶好過〈惡〉：當作「好惡」（丁士涵說）。

⑷耳目者，所以聞見也：郭沫若以為此下當有奪文。按：〈形勢解〉與此情形相同，疑解文本非是對經文一一作解。

(5)此言〔名〕不得過實，實不得延名：「此言」下脫一「名」字（王念孫說）。《爾雅・釋詁》：「延，進也」，亦有超過之義。

(6)姑形以形，以形務名：「姑」當作「故」（張佩綸說）。「形以形」三字衍（張舜徽說）。「故以形務名」即下文「以其形為之名」。「務」，求。

(7)以其為之人者也：此當作「以其出為之入者也」（張舜徽說）。此與下文「以其形為之名」句法相同。「出入」、「形名」等為戰國常見的論題。「出」，謂事或物之動出，客觀之所顯現者。「入」，接受、應接，謂主觀之所反應者。【今譯】依張舜徽之說。

(8)執其名，務其應，所以成之、應之道也：此當作「執其名，務其所以成，此應之道也」（王念孫、許維遹說）。「執名務成」即「循名責實」（「務」，責求；「成」，實效，成效）。

(9)無為之道：「道」疑當作「為」。「無為之為」與前文「不言之言」相對。

(10)紀：統領，治理。

(11)務於善，未於能：「善」通「繕」，修飾（趙守正說）。「務於善者，好為踵事增華之粉飾」（郭沫若說）。「未」同「昧」，迷。「未於能」，執迷於一己之能。

(12)無之則與物異矣：「之」，指代上述的「立於強，務於善，未於能，動於故」。「物」，眾，眾人，與上文「人者立於強」之「人」同義。

【今譯】

天道虛，地道靜。虛則不枯竭，靜則不妄動，不妄動則無過失，所以說「不忒」。「潔其宮，闢其門」，「宮」比喻的是心，心是智慧的居舍，所以稱為「宮」；所謂清潔，是指去除好惡之情。「門」比喻的是耳目，耳目是用以視聽的。「物固有形，形固有名」，這是說名不能過實，實不得過名。所以根據事物的形態而求得相應的名稱，監察事物的言行而正定相應的名分，這就稱為聖人。「不言之言」，說的是應物的道理；所謂應物，是指根據事物的動作而做出適當的應接。依據人的不同名分，責求其相應的客觀成效，這就是「應」的道理。「無為之道」，說的是因順的道理，所謂因順，是指不主觀做出增損改易。根據其實形，於是給它一個稱呼，這就是「因」的方法。名稱，是聖人用來治理萬物的。眾人只知矜持於逞強，勉力於修飾，執迷於已能，行動於智巧。聖人卻不講究這些，所以與眾人不同。與眾不同便能達到虛的境界，虛，是萬物的始原，所以說：可以為天下始。

【詮釋】

一、「潔其宮，開其門」以闡發認識心

在認識活動中，「潔其宮」正是指向掃除內心成見還顯靈明本心之工夫。而心靈一旦明潔則能「開其門」，耳目等認識感官即能暢通無礙，心透過此便能如實認識客體之本然。

二、「名」、「實」問題的提出

解文進一步對於經文「形」、「名」相稱當的「名當」之說，提出「名不得過實，實不得延名」、「以形務名」以及「督言正名」等命題以作更細膩的闡釋。

在「名不得過實，實不得延名」名實相符的要求中，解文「以形務名」以及「督言正名」之說，意指根據事物的實際形態而求得相應的名稱，以及監察人物言行而正定相應的名分之意義下，已然強調「實」是「名」設立的依據，「實」相較於「名」，顯然呈現出邏輯上的優先性。可以說，稷下道家在「名」、「實」問題上，雖同儒家一樣言及「正名」之論，不過稷下道家是以「實」作為第一性；而儒家雖亦強調「名實相符」，但卻顯然不放鬆諸如君臣父子長幼等名分在禮義規範中所具有的重要地位。是故，在邏輯上「名」不必然屈於「實」之下。

三、論及「因」之道

解文同時提及「因」的概念，然而未對「因」下界說，而是強調其乃「無益無損」的態度，亦即對於事物的認知不作主觀的增減。因此所謂「順因」，即是如實的反映外在的對象。

具體來說，「因」即是「虛」。意指排除個人主觀的好惡與偏見，以無私之心順應外在事物之實情而行事。

經·六

　　人之可殺，以其惡死也；其可不利，以其好利也。是以君子不恑⑴乎好，不迫乎惡，恬愉無為，去知與故⑵。其應也，非所設也⑶；其動也，非所取也。過在自用，罪在變化⑷。是故有道之君子⑸，其處也，若無知；其應物也，若偶之⑹，靜因之道也⑺。

【注釋】

⑴恑：同「詖」，誘惑（王念孫說）。

⑵故：詐偽。

⑶其應也，非所設也：「應」，應物。「設」，預設。

⑷變化：指對事物妄作改變（張秉楠說）。按：〈內業〉、〈心術下〉均有「不化」、「不移」之論。

⑸君子：今本「君」下奪「子」字，據上文及下解補。

⑹偶之：謂無所用心而自然契合。

⑺靜因：虛靜因循。趙守正說：「『靜因之道』，言排除主觀的嗜欲成見，完全依照客觀事物自身的規律行事。」（《管子通解》）

【今譯】

　　人之所以可通過殺戮來懲戒，是因為人們怕死；人之所以可通過不利來勸阻，是因為人們好利。所以君子不被所喜好的東西所誘惑，也不被所厭惡的東西所迫脅，恬淡愉悅、清靜無為，摒棄智巧、不用偽詐。他應對事物，不主觀預設；他行為

舉動，不妄自索取。人們的過失在於自用智巧，人們的罪過在
於妄作改變。所以有道的君子，他平日自處，若無智慮；他動
而應物，似天然契合，這就是虛靜因循的道理。

【詮釋】

　　經文論及兩項要點，分別探討所謂的「靜因之道」，以及認
識機能所以無法如實掌握外物之因由。

一、靜因之道

　　「靜因之道」即經文所言「其應也，非所設也；其動也，
非所取也」，意指排除主觀成見，依於客觀規律以行事。這和《莊
子‧天下》評慎到「決然無主，趣物而不兩，不顧於慮，不謀
於知」以及「無建己」、「無用知」之論，有相通之旨趣。

　　「靜因之道」既是應物之原則，同時更涵括黃老重要的認
識方法。所謂「靜」，指擯除個人主觀之臆斷，亦即避免先入為
主的預設立場；「因」則是因循順應，因順事物本來之情狀。

二、阻礙認識機能之因由

　　心處虛靜靈明之境，便得以如實認知外在事物之實情。然
而人一方面以其「好利」而執著於嗜欲之中，致本心之清明遭
受蒙蔽；同時又好為「自用」，而淪於使一己獨斷行事甚而主觀
的妄圖改變對象以符己意，終致無法了解事物之客觀真相。因
此，人一方面須「不怵乎好」、「不迫乎惡」，不為一己之所好與
所惡擾心；同時須擯除主觀智巧，以無私識物且以無心應物，

方能還顯靈明之認識本心。

解・六

　　人迫於惡，則失其所好；怵於好，則忘其所惡；非道也。故曰「不怵乎好，不迫乎惡」。惡不失其理，欲不過其情，故曰「君子」。「恬愉無為，去智與故」，言虛素也。「其應非所設也，其動非所取也」，此言因也。因也者，舍己而以物為法者也⑴。感而後應，非所設也；緣理而動，非所取也。「過在自用，罪在變化」，自用則不虛，不虛則仵於物矣⑵。變化則為生⑶，為生則亂矣，故道貴因。因者，因其能者，言所用也⑷。「君子之處也若無知」，言至虛也。「其應物也，若偶之」，言時適也⑸，若影之象形、響之應聲也。故物至則應，過則舍矣。舍矣者，言復所於虛也⑹。

【注釋】

⑴舍己而以物為法者也：去除主觀私見而以客觀為法則。「物」，指客觀。

⑵仵於物：與客觀相抵仵。

⑶變化則為生：「為」通「偽」。此言改變了道心則詐偽之心生。

⑷因者，因其能者，言所用也：按：此當作「因者，言因其能而用者也」。今本次序有誤，「而」訛為「所」。「能」，指人之特長。

(5)時適: 即「適時」，合於時宜。

(6)言復所於虛也:「所」字衍 (李哲明說)。又按:「所」蓋「反」
　字之訛。

【今譯】

　　一般人被所厭惡的東西所脅迫，就會失去原來所喜歡的；
被所喜歡的東西所誘惑，就會忘記所厭惡的。這些都不符合
「道」，所以說「不怵於好，不迫於惡」。厭惡不失去道理，喜
歡也不超過常情，所以稱為「君子」。「恬愉無為，去智與故」，
說的是虛無素樸。「其應非所設也，其動非所取也」，這說的是
因順的道理。所謂因順，指的是去主觀私見而以客觀為準則。
有感於物而後做出應接，並非事先就有所預設；順隨事物情理
而後行動，並非有所求取。「過在自用，罪在變化」，自用智巧
則不能虛靜，不能虛靜便與客觀相抵忤。改變了道心則詐偽萌
生，詐偽萌生必然混亂，所以「道」貴在因循。所謂「因」，是
說因順人物的特長而發揮他的作用。「君子之處也若無知」，說
的是至虛的境界。「其應物也，若偶之」，說的是合於時宜的道
理，就如同影子隨形、回音應聲一樣。所以事物出現了就隨之
做出應接，過去也就不再追究。事物過去而不再追究。是說內
心又重歸於虛靜境界。

【詮釋】

　　解文首先提出「道貴因」的命題，並對「因」下界說；接
著提出「情」、「理」平衡之要求。

一、「因」之具體意義

解文由「舍己而以物為法」以及「因其能」二層面，闡釋「因」之具體意義。前者即是拋棄一己之私見而純然取法事物客觀之準則，「因」在此意義呈現為行事作為上的認識基礎；後者則指向具體作為之技術層面，尤其在為政舉措上。「因其能」意指能因順個人之才能與特點，使其能適切的發揮所長。

二、情理平衡之關注

解文針對人「好利」、好為「自用」之情，以情理平衡之角度來協調理性與情感。黃老重視情理間的平衡，然而此思想內涵向來似為學界所忽視。

情、理對舉，屢見於《管子》四篇，除了本篇〈心術上〉言及「因人之情，緣義之理」，〈白心〉亦言「言其理則知其情」，不偏重於情或理而強調二者之平衡，乃是稷下道家在先秦諸子思想間的獨特處。

〈心術下〉注譯與詮釋

〈心術下〉主旨是論述養形、修心、聚氣與治理天下的關係。本篇共分五章。第一章說心形雙修方能聚氣，聚氣則能取法天道、循名責實而治理天下。第二章論心神的專一靜定。第三章論心與形、君與民的關係，並提出百姓執道則可自覺自治。第四章論聖人之道的特性以及不能正確理解和應用道則亂生。第五章論內心正靜則可得道，得道即可達到天地境界。

一

形不正者德不來，中不精〈靜〉者心不治⑴。正形飾德⑵，萬物畢得。翼然自來⑶，神莫知其極。昭知天下，通於四極。是故曰無以物亂官，毋以官亂心，此之謂內德⑷。是故意氣定然後反正⑸。氣者身之充也，行者正之義也⑹。充不美則心不得，行不正則民不服。是故聖人若天然，無私覆也；若地然，無私載也。私者，亂天下者也。凡物載名而來⑺，聖人因而財（裁）之而天下治⑻。〔名〕實不傷⑼，不亂於天下而天下治。

【注釋】

(1)形不正者德不來，中不精〈靜〉者心不治：「者」音「則」，連詞。「德」，指精氣。「精」，當從〈內業〉第七章作「靜」。

(2)飾德：修德。

(3)翼然自來：「翼」猶「翼翼」，連綿盛多。「翼然自來」猶〈內業〉第七章「淫然自至」。

(4)內德：即內得。〈內業〉作「中得」。

(5)反正：復歸平正之性。

(6)行者正之義也：當作「正者行之儀也」(郭沫若說)。

(7)凡物載名而來：物皆承載著名稱而來，即所謂「物必有名」。

(8)財：同「裁」，裁斷，判斷。

(9)〔名〕實不傷：「實不傷」上脫一「名」字。「傷」猶「爽」，差誤(郭沫若說)。按：此「名實」即呼應前文之「名物」。

【今譯】

　　形體不端正則精氣不來，內部不安靜則心神不理。正形修德，萬物得宜。精氣不斷到來，神妙莫測。人的智慧可以洞察天下，貫通天地。所以說不讓外物惑亂感官功能，不讓感官功能惑亂心神，這就稱為內有所得。因此先讓意念脈氣靜定下來，然後才能復歸人的平正之性。氣是充實身體的，端正是行為的準則。充實體內的氣如果不美則心神便不安穩，行為不端正則人民不聽從。因此聖人像天無私覆、地無私載一樣普愛萬物。私心，是亂天下的東西。凡物皆有名稱，聖人據此裁斷天下而天下可以治理。使名實相符而無差誤，不使它淆亂天下則天下

就會治理。

【詮釋】

一、〈心術下〉與〈內業〉的關係

　　本篇文字和〈內業〉多有相同或相近之處，顯然兩篇密切相關，而其相關性存在著以下幾種可能：

　　其一，〈心術下〉可能是〈內業〉的摘錄，並加上摘錄者個人的論點。因為〈心術下〉有多處與〈內業〉文字相同，且冠以「故曰」字樣。而「故曰」中所引，即見於〈內業〉；其二，〈內業〉可能是根據〈心術下〉擴充而成，然而這種假設較難成立，因〈心術下〉文意極不完整，疑是殘卷，而〈內業〉則立論完整；其三，兩文可能皆是稷下學士聆聽稷下先生講課所作的筆記，也即是說，此兩文可能另有祖本。

　　根據現存文獻來看，我們以為〈心術下〉乃〈內業〉之副本。郭沫若即以為：「此篇即〈內業〉篇別本之散簡，前後遺失，僅餘其中段而簡次凌亂。」（見《管子集校》）

二、本章文字與〈內業〉之比較

　　本章起首曰：「形不正者德不來，中不精〈靜〉者心不治。正形飾德」和〈內業〉第七章所言「形不正，德不來；中不靜，心不治。正形攝德」相近，而「是故曰」所引之文字「無以物亂官，毋以官亂心，此之謂內德」，顯然即是〈內業〉第七章所言「不以物亂官，不以官亂心，是謂中得」。

三、本章要旨

由本章不見於〈內業〉之文字，可看出其特殊的意旨：

㈠名實觀念

本章論及「凡物載名而來」，亦即物必有名的觀念，為〈內業〉所無。名、實的關係呈現為「名實不傷」，名須與實相符。此種要求落實為政治層面「循名責實」的具體原則，成為天下得以大治的關鍵。

㈡聚養精氣、取法天地之無私

本章以「氣者身之充也」闡明氣與人的關係。充滿人身之氣，一方面是生命能量的源頭，同時又會影響人精神情性之質素。因此，若能摶聚氣在人身的脈動運行，則人便得以反其性情之初，而使精神淳美諧和。

為政者以這樣的心境排除個人的主觀好惡，取法天地之無私而輔以循名責實的原則，這是本章所呈顯的治道。

二

專於意，一於心，耳目端，知遠之證〈近〉⑴。能專乎，能一乎？能毋卜筮而知凶吉乎？能止乎？能已乎？能毋問於人而自得之於己乎⑵？故曰思之思之，〔思之〕不得⑶，鬼神教之。非鬼神之力也，其精氣之極也。

【注釋】

⑴知遠之證〈近〉：「之」猶「若」。「證」為「近」字之訛，此

猶〈內業〉第十二章「雖遠若近」(許維遹說)。「知遠若近」，
　謂預知未來吉凶之事如了然近在咫尺。

(2)能止乎，能已乎，能毋問於人而自得之於己乎：「已」同「止」，
　均指持意靜定。「自得之於己」，謂己心有所悟覺。

(3)〔思之〕不得：「不得」上奪「思之」二字(丁士涵等說)。

【今譯】

專意一心，耳目端正，就可以預知未來如近在掌中。能夠
專意一心嗎？能夠不需卜筮而預知未來吉凶嗎？能持意靜定嗎？
能夠不求諸外界而自我悟覺嗎？所以說反覆地思索，在百思而
不得的時候，鬼神會來開導。這並非真的是靠什麼鬼神的力量，
而是精氣結聚已達到極致的結果。

【詮釋】

一、本章文字與〈內業〉之比較

本章全部文字皆可在〈內業〉第十三章中找到相近或相同
的內容。起首的「專於意，一於心，耳目端，知遠之證〈近〉」
和〈內業〉「四體既正，血氣既靜，一意摶心，耳目不淫，雖遠
若近」文意相通；而「能專乎？能一乎？能毋卜筮而知凶吉乎？
能止乎？能已乎？能毋問於人而自得之於己乎」一段則與〈內
業〉「能摶乎，能一乎，能無卜筮而知凶吉乎？能止乎，能已乎，
能勿求諸人而得之己乎」文字幾乎盡同。最後，本章章文「故
曰」所引之文字「思之思之，思之不得，鬼神教之；非鬼神之

力也，其精氣之極也」，顯然即是引自〈內業〉「思之，思之，又重思之，思之而不通，鬼神將通之。非鬼神之力也，精氣之極也」。

二、本章要旨

本章承〈內業〉之旨，闡發人透過心神專一以聚養精氣之論。人一旦能聚集精氣於「精舍」，精神即能開展出明睿的智慧，如此不須透過卜筮，不須詢問於人即能了然吉凶之究竟。

本章章文言及不經卜筮即能得知吉凶之文字，除見於〈內業〉篇，亦與《黃帝四經・十大經・名刑》：「靜翳〈壹〉不動，來自至，去自往。能一乎，能止乎？能毋有己，能自擇而尊理乎？」以及《莊子・庚桑楚》：「衛生之經，能抱一乎，能勿失乎，能無卜筮而知吉凶乎，能止乎，能已乎，能舍諸人而求諸己乎！」彼此之文字與意旨相近。

三

一氣能變曰精，一事能變曰智(1)。慕選者，所以等事也；極變者，所以應物也(2)。慕選而不亂，極變而不煩(3)。執一之君子，執一而不失，能君萬物(4)，日月之與同光，天地之與同理。聖人裁物，不為物使。心安是國安也，心治是國治也。治也者心也，安也者心也。治心在於中，治言出於口(5)，治事加於民，故功作而民從(6)，則百姓治矣。所以操者非刑也(7)，所以危者非怒也

(8)。民人操(9)，百姓治。

【注釋】

(1)一氣能變曰精，一事能變曰智：〈內業〉第六章作「一物能化謂之神，一事能變謂之智」。「一」謂專一。「能」猶「乃」，而。此言專一於氣而變化是為精妙，專一於事而掌握變化稱作睿智。

(2)慕選者，所以等事也；極變者，所以應物也：「慕」當作「恭」（張舜徽說），敬遜之義。「等」，齊、順。這是說敬遜用以順事，窮其變化用以應物。

(3)慕選而不亂，極變而不煩：「慕選」亦當「恭選（遜）」。這是說敬順於事而不被事所打亂，窮物變化而不被物所煩擾。

(4)執一之君子，執一而不失，能君萬物：「執一之」三字疑衍，似本作「君子執一而不失，能君萬物」。

(5)治言：指信實合理的聲教言辭。

(6)功作：功成。

(7)操：把持，掌管。

(8)危：同「畏」，使敬畏。

(9)操：指掌握「道」。

【今譯】

　　專一於氣而變化是為精妙，專一於事而掌握變化稱為睿智。敬遜用以順事，窮其變化用以應物。敬順於事而不混亂，窮物變化而不煩擾。君子守道不失，故能主宰萬物，能與日月同輝，

與天地同理。聖人裁制外物，而不被外物所役使。心安寧於是
國家安寧，心治理於是國家治理。治理靠的是心自身，安寧靠
的也是心自身。修治之心存於胸中，合理的聲教言辭出於口，
合宜之事施於人，所以功成而人民聽從，於是百姓可得到治理。
掌管百姓靠的不是刑罰，使百姓敬畏也不是靠威怒；百姓人人
都掌握了道，這樣就可以治理了。

【詮釋】

一、本章文字與〈內業〉之比較

　　本章文字有三處相近同於〈內業〉第六章：首先，「一氣能
變曰精，一事能變曰智」與〈內業〉此章起首文字「一物能化
謂之神，一事能變謂之智」相近；其次，「聖人裁物，不為物使」
之語和〈內業〉「君子使物，不為物使」之說，在文字與涵義上
皆相類；而「執一之君子，執一而不失，能君萬物，日月之與
同光，天地之與同理」此敘述則和〈內業〉所言「惟執一之君
子能為此乎。執一不失，能君萬物。君子使物，不為物使，執
一之理」，語意和文字亦近相同。

二、本章要旨
㈠處事應物的態度

　　本章提及〈內業〉第六章所未言及的處事觀念，即「慕選
者，所以等事也；極變者，所以應物也。」這是主張以恭遜的態

度因應於事物的客觀情態，面對不同局勢，則權變而為。

㈡執一之道

　　本章提及「執一」之道，正為章文要旨所在，而「執一」之意涵可分二面向說。首先，文中言及「一氣」之概念，此語又見於《莊子》。〈大宗師〉言「遊乎天地之一氣」；〈知北遊〉亦言「通天下之一氣」。只是本章所言之「一氣」不同於《莊子》本體層面之指涉；「一」乃作為動詞用，為「專一」、「摶聚」之意。因此本章之「一氣」便是指人透過心意之專一而摶聚精氣。

　　其次，心意一旦專一而摶聚精氣，則人主體精神將內凝明達而不外馳。如此，人一方面能明見外在事物之真相，同時得以客觀依順外物情態因應而為，既不為物所擾，又得以如實處物，則人實為外物之主，此亦即「裁物」、「君萬物」之意。

　　心意專一而聚氣之能使物，落實至政治層面來看，聖人正是以此而得天下治，此亦「心治是國治」意旨所在。

㈢重道而輕刑威

　　本章談及「刑」、「怒」（即刑威），〈內業〉則不重視。但此處認為，為政者雖掌握人民之死生，但治民卻不只靠刑罰、威怒，而是以道為治。此重道而輕刑罰的思想則與〈內業〉相通。

四

　　道，其本至也⑴，至不至無⑵，非所人而亂⑶。凡在有司執制者之利，非道也⑷。聖人之道，若存若亡，援而用之，歿世不亡⑸。與時變而不化，應物而不移⑹，

日用之而不化〈亡〉⑺。

【注釋】

⑴道，其本至也：「其」猶「乃」，「本至」當作「至本」，即大本（張舜徽說）。

⑵至不至無：「至不」當作「至本」（張舜徽說）。「至無」，至虛。

⑶非所人而亂：「所」猶「其」，「而」，則（許維遹說）。此言使用道者不得其人則亂生。

⑷凡在有司執制者之利，非道也：「有司」，百官。「執制」，拘守法制。「利」，謀求功利。此言百官群吏拘守法制以謀求功利，那並不是道。

⑸歿世不亡：永不窮竭。

⑹與時變而不化，應物而不移：「與」猶「隨」。「移」，搖動，擾動。此二句亦見〈內業〉，于省吾等以為「從物」當作「從物遷」，與「與時變」相對。按：「與（隨）時」與「應物」相對，「變」字疑衍。

⑺日用之而不化〈亡〉：「化」字蓋為「亡」字之訛，「日用之而不亡」當為「援而用之歿世不亡」的注語，誤入正文（郭沫若亦以此句為衍文）。

【今譯】

道，乃是天下的大本，大本是至虛的，使用道者不得其人則亂生。那些拘守法制謀求功利的百官群吏，是根本不懂得道的。聖人之道，若有若無，經常援用它，但它永不窮竭。聖人

順時應變而不被同化，隨物推移而不被擾動。

【詮釋】

一、本章文字與〈內業〉之比較

　　本章僅有一處文字和〈內業〉第五章近乎相同，即「與時變而不化，應物而不移」之說，和〈內業〉「是故聖人與時變而不化，從物而不移」，如出一轍。

二、本章要旨

　　此章意旨較為獨立完整，主要有兩項要點：

㈠道之本與用

　　章文首先言及「道」乃天下之大「本」，著重意指「道」作為萬物存在的形上根據。而「至無」則指出「道」之「至本」的超越性。不過章文亦落實至人事層面言道用，並指出道之所用若不得其人，將有衍生禍亂之弊。

㈡評執法求利之非道

　　本章繼而就拘守法令以求利益之徒，提出批評，以為其並非真正懂得「道」之義蘊。

五

　　人能正靜者，筋肕而骨強⑴，能載大圓者體乎大方，鏡大清者視乎大明⑵。正靜不失，日新其德，昭知天下，

通於四極。全心(3)在中不可匿，外見於形容，可知於顏色。善氣迎人，親如弟兄；惡氣迎人，害於戈兵。不言之言，聞於雷鼓；全心之形，明於日月，察於父母。昔者明王之愛天下，故天下可附；暴王之惡天下，故天下可離。故賞(4)之不足以為愛，刑之不足以為惡。賞者愛之末也，刑者惡之末也。

【注釋】

(1)人能正靜者筋肕而骨強：「者」當作「則」，屬下，讀作「人能正靜，則筋肕而骨強」。「肕」同「韌」。

(2)能載大圓者體乎大方，鏡大清者視乎大明：二「者」字當作「而」（張舜徽說）。「大圓」指天。「體」同「履」。「大方」指地。「鏡」義猶「視」。「大清」指月。「大明」指日。前文「天地」、「日月」對舉與此同例。

(3)全心：「全心」今本作「金心」，據〈內業〉「全心在中」、「全心之形」改。

(4)賞：今本作「貨」，據俞樾《諸子平議》校改，下同。

【今譯】

　　人能心正意靜，則筋骨柔韌強健，便能頂天立地，覽月視日。心正意靜而無過失，不斷完善其德，洞察天下，乃至整個宇宙。完善之心存於胸中是無法遮蓋的，它自然會顯現在容貌，流露在神情。脈氣暢美，與人接觸則如兄弟般親切；脈氣穢惡，與人接觸則如利刃般傷人。不用言說的語言，卻聽如雷鼓；完

善之心表現於外，如日月般昭明，似父母般明察。古時的明王愛惜天下，所以天下依附他；暴王仇惡天下，所以天下背離他。因此賞賜不足以表現愛惜，刑罰不足以表現厭惡。賞賜只是愛惜的末流，刑罰也只是厭惡的枝節。

【詮釋】

一、本章文字與〈內業〉之比較

　　本章有四處文字和〈內業〉相近同，首先，起首所言「人能正靜者，筋肕而骨強，能戴大圓者體乎大方，鏡大清者視乎大明」，近於〈內業〉第十一章「人能正靜，皮膚裕寬，耳目聰明，筋信而骨強。乃能戴大圓而履大方，鑒於大清，視於大明」；其次，「正靜不失，日新其德，昭知天下，通於四極」語句則和〈內業〉同章所言「敬慎無忒，日新其德；遍知天下，窮於四極」相近；又「全心在中不可匿，外見於形容，可知於顏色。善氣迎人，親如弟兄；惡氣迎人，害於戈兵。不言之言，聞於雷鼓；全心之形，明於日月，察於父母。」此說，亦類於〈內業〉第十二章所言「全心在中，不可蔽匿，和〈知〉於形容，見於膚色。善氣迎人，親於弟兄；惡氣迎人，害於戎兵。不言之聲，疾於雷鼓；心氣之形，明於日月，察於父母」；最後，「故賞之不足以為愛，刑之不足以為惡。賞者愛之末也，刑者惡之末也。」語意近於〈內業〉同章「賞不足以勸善，刑不足以懲過。氣意得而天下服，心意定而天下聽」。

二、本章要旨

　　本章主旨大致和〈內業〉第十一章相通，在闡明「正靜」能帶給人心意集中，且體魄強健的身心效果。

六

　　凡民之生也⑴，必以正平。所以失之者，必以喜樂哀怒。節怒莫若樂⑵，節樂莫若禮，守禮莫若敬⑶。外敬而內靜者，必反其性。

　　豈無利事哉？我無利心；豈無安處哉？我無安心。心之中又有心。意以先言⑷，意然後形⑸，形然後思，思然後知。

　　凡心之形，過知失生⑹。是故內聚以為〔泉〕原⑺，泉之不竭，表裡遂通⑻；泉之不涸，四支堅固⑼。能令用之⑽，被及〈服〉四圉〈固〉⑾。是故聖人一言解之，上察於天，下察於地⑿。

【注釋】

⑴生：性。

⑵樂：音樂。

⑶守禮莫若敬：丁士涵據〈內業〉文，以為此句下脫「守敬莫若靜」。

⑷意以先言：意念的產生先於語言。

⑸形：傳達。

(6)凡心之形，過知失生：「形」，指心體，心之實體。「失生」，
　傷性。

(7)〔泉〕原：「原」上脫「泉」字，據劉績說補。

(8)通：王念孫說當作「達」，與「竭」同葉月部韻。

(9)支：肢。

(10)能令：如若。

(11)被及〈服〉四圉〈固〉：「及」今本作「服」，「圉」今本作「固」，
　據王念孫校改。「圉」同「圍」。「四圉」猶四陸、四海。

(12)聖人一言解之，上察于天，下察于地：「一言解之」當從《黃
　帝四經‧十大經‧成法》及〈內業〉作「一言之解」。「一言」
　指「道」。「解」，道理、精妙。「察」同「際」，至。

【今譯】

　　人的生性，本當以中正平和來主導；平正之性所以失去，
一定是因為喜樂哀怒情緒等的侵襲。音樂可以節制忿怒，禮可
以調節喜樂，行為謹敬可以持守禮儀。行為謹敬內心靜定，可
使平正的本性復歸。

　　怎麼沒有好事可做呢？只怕自己沒有好心；怎麼沒有安寧
之處呢？只怕自己沒有安善之心。心之中又有心。意念的產生
先於語言，有了意念然後就要傳達出來，傳達意念便有了思考，
有了思考便可以產生智慧。

　　就心體來說，智慮過度就會傷害其本然之性。所以要內聚
精氣作為生命的源泉，這個源泉不枯竭，身體的皮膚臟器都會
暢達；這個源泉不乾涸，四肢就會強壯。如能應用此道，則能

廣被四海。所以聖人之道的精妙上通於天，下貫於地。

【詮釋】

一、本章文字與〈內業〉之比較

本章共有六處與〈內業〉文字相近同，以下依主題分項敘述：

㈠關於禮樂

本章言「節怒莫若樂，節樂莫若禮，守禮莫若敬。外敬而內靜者，必反其性」。〈內業〉第十四章云：「止怒莫若詩，去憂莫若樂，節樂莫若禮，守禮莫若敬。內靜外敬，能反其性，性將大定。」兩說相同。

㈡「安心」之說

章文所言「豈無利事哉？我無利心；豈無安處哉？我無安心」，其意旨近於〈內業〉第九章「何謂解之？在於心安。我心治，官乃治；我心安，官乃安。治之者心也，安之者心也」。而〈內業〉之說於義較完整。

㈢心之中又有心

本章所言「心之中又有心」與〈內業〉第九章「心以藏心，心之中又有心焉」之說相同。

㈣言、意

章文言「意以先言，意然後形，形然後思，思然後知」與〈內業〉第九章「意以先言，意然後形，形然後言，言然後使，

使然後治，不治必亂，亂乃死」以及第十三章「思索生知」之
說相近。

㈤內聚

　　章文所言「是故內聚以為〔泉〕原，泉之不竭，表裡遂通；
泉之不涸，四支堅固」與〈內業〉第十章「精存自生，其外安
榮。內藏以為泉原，浩然和平，以為氣淵。淵之不涸，四體乃
固；泉之不竭，九竅遂通」所言相近。

㈥一言之解

　　章文言「能令用之，被及四圍。是故聖人一言解之，上察
於天，下察於地」與〈內業〉第九章言「道滿天下，普在民所，
民不能知也。一言之解，上察於天，下極於地，蟠滿九州」相
近。另外《黃帝四經·十大經·成法》中所言「一之解，察於
天地；一之理，施於四海」，亦與此相近。

二、本章要旨

　　本章與文字相近的〈內業〉各篇意旨相通，大致有三要點：

㈠安心、聚氣之說

　　本章注意到心念的擾動與複雜而提出「安心」的要求，並
由「心」的安定以聚集精氣來闡明心靈淳和以及體魄強健的身
心和諧之境。

㈡禮樂觀

　　本章由「反性」的角度來說明禮、樂的意義，極為重要。
章文首先注意到「喜怒哀樂」諸般情緒使人失去「正平」之本

性，而透過使人外在行為得以謹敬且內心靜定的禮樂之作，人得以調和情緒而復反正平之常性。歸結而言，此即以「外敬內靜」以及「反性之說」為核心的禮樂觀。

㈢言、意、心、知之論

本章相當細膩的分析了認識上關於言、意的問題。指出意念先於語言，因為有了意念就會產生包括語言的傳達行為。而意念的傳達衍生諸般思考，有了思考便得以產生智慧。

如此層次分明的以意→言、形→思→知，來闡述認識進程上的理論次序，既分析了言與意的關係，同時合理的說明了智慧產生之由，避免於將智慧視為直覺的產物，此和黃老重「智」的實用性有關。

〈白心〉注譯與詮釋

〈白心〉意為潔白其心，即〈心術上〉所謂「潔其宮」、「虛其欲」。而《莊子・人間世》。本篇提出了許多重要的命題，如「建當立有」、「原始計實」、「置常立儀」、「形性相葆」、「和以反中」、「名正法備」、「隨變斷事」、「知時為度」、「審量出入」、「觀物所載」、「以靖為宗」、「以時為實」、「知時為度」等。

本篇共分八章。第一章為全篇之綱，論執持道德，守靜因時。第二章論正名定物。第三章通過分析強弱驕卑之蓄積轉化論「知時」、「隨變」之理。第四章論審量出入、天道盈虧之理。第五章論無形之「道」主宰著天、地、人，它使整個宇宙得以成為一個自然運作的必然王國。第六章論聖人修、治之道皆應不著跡象。第七章論聖人戒盈防滿。第八章論說怎樣使心與道冥合，扣住本篇以「道」主「心」之旨。

一

建當立有⑴，以靖為宗⑵，以時為實，以政為儀⑶，和則能久⑷。非吾儀，雖利不為；非吾當⑸，雖利不行；非吾道，雖利不取。

上之隨天，其次隨人。人不倡不和，天不始不隨。

故其言也不廢，其事也不隨（墮）⑹。

【注釋】

⑴建當立有：「當」猶「道」，「有」猶「德」。「道」者「常無」，「德」者「常有」（《老子》第一章），下章首句「原始計實」回應此句，「當」與「有」互文足義。

⑵以靖為宗：「靖」同「靜」。「宗」，根本。

⑶以政為儀：「政」同「正」。「儀」，則，準則。

⑷和：總和，指上文虛靜，適時、中正。

⑸當：與「儀」、「道」換文義近。「當」與「道」散文則同，共文稍異。在此是適度、準度之義。

⑹隨（墮）：當作「墮」，同「隳」，毀敗（王念孫說）。

【今譯】

建立道確立德，以虛靜為根本，以適時為法寶，以中正為準則，這三者都做到了就能長久。不合儀則的，雖有利也不去做；不合準度的，雖有利也不採取行動；不合於道的，雖有利也不去求取。

首先要順隨天道，其次要順隨人道。人道無首倡者不去應和，天道未先動不去順隨。所發的言論就不會失當，所從行的事業不會失敗。

【詮釋】

本章一方面言及「靖」（靜）、「時」等稟承自老子的重要概

念，同時在天人關係上表現出「應天順人」的態度。分述如下：

一、老學至黃老之學的發展線索

　　「靖」（靜）、「時」等概念的提出，反映了黃老思想闡發老學的一面。老子講「靜」，所謂「致虛極，守靜篤，萬物並作，吾以觀復」。「靜」和「虛」並言，皆是人得以明觀萬物本然的必要心境。老子亦談「時」，所謂「動善時」，即體察人事作為而掌握適當時機。

　　通觀本章首段，提出「靜」、「時」、「正（政）」等理念，落實到具體政治層面而以靜身待物、適時而作、中正不偏以及三者的和諧運用，作為主政者的治國原則，這正呈現出老學至黃老在理論發展上的脈絡。

二、天人之間

　　在以天道指導人事的思維背景中，聖人或為政者既要依循天道之律則，不以己意妄動；同時在以之指導人事作為時，亦須順應人事的實際情況，靈活權宜而為。

　　古人強調順天應人，在天人關係中，此處著重在隨順（「隨」），亦即承繼老子「不為始」之意。

二

　　原始計實[1]，本其所生。知其象則索其形，緣其理則知其情，索其端則知其名。故苞物眾者莫大於天地，

化物多者莫多於日月，民之所急莫急於水火。然而天不
為一物枉其時，明君聖人亦不為一人枉其法⑵。天行其
所行，而萬物被其利。聖人亦行其所行，而百姓被其利。
是故萬物均既誇眾矣⑶。是以聖人之治也，靜身以待之，
物至而名自治之。正名自治之，奇身名廢〈奇名自廢〉
⑷。名正法備，則聖人無事。

【注釋】

⑴原始計實：「原」，追究，溯源。「始」，本始，指「道」。「計」，
　考察。「實」，落實，指「德」。此謂追究本始的道而考察向下
　落實的德。
⑵明君聖人亦不為一人枉其法：「明君」疑為衍字（丁士涵說）。
　《管子》四篇之「聖人」，在論治術時稱為「君」，在論修養
　時則曰「君子」，未見「明君聖人」或「君子聖人」連言者。
⑶萬物均既誇眾矣：「萬物」，兼指「物」和「人」。「誇」，富。
　「誇眾」即「富庶」。此言天下萬物均平而且富庶。
⑷正名自治之，奇身名廢〈奇名自廢〉：「之」字衍，「奇身名廢」
　當作「奇名自廢」（王引之說）。「正名」，形名正定。「奇」即「倚」，
　讀為「攲」，傾斜不正。兩「自」字讀為「則」。〈宙合〉「名
　倚則亂」即此「奇名自廢」。

【今譯】

　　追究本始的道而考察落實的德，了解事物出現的根源。知
道了事物的形象便可以了解它的形質，依據它的事理便可懂得

他的情實，探究它的始端便可以知道它的名稱。天地包羅萬物
最為廣大，日月陰陽化育萬物最為盛多，水與火與百姓的關係
最為密切。然而天不因為一物而亂其時令，聖人也不因為一人
而亂其法度。天道依照它自己的規徑運行，萬物就會得到它的
好處；聖人也依照他的法度去辦，百姓便會蒙受好處。所有的
一切都均平而且富庶。因此聖人的治理天下，安靜其身以應接
事物，事物出現便有相應的名稱去規定它。形名正定則治理，
形名不正則廢亂。形名確定法度具備，則聖人就安閒無事了。

【詮釋】

一、「原始計實」的意含

　　老子抱道建德，旨在使形上界與形器界貫通一體。黃老「建
當立有」、「原始計實」則更向社會傾斜而落向「實」「有」處。

　　「始」指向形上之道，「實」則是意謂道落實後成就的「德」。
黃老重視人間實際層面，既重視道指導人生的形上律則，更看
重落實後的德之具體意義。「原始計實」正反映出黃老由「道」
趨「德」的要求。

　　事物的「象」、「形」、「理」、「情」以及「端」、「名」，乃是
「道」透過「德」在事物上不同層面的顯現。對於此等層面的
考察與了解，正是落實至經驗層面而以之直探道與德之意含。
可以說形上之道對人事作為的抽象指導，已然具體落實在事物
的象、形、理、情以及名言層面的掌握與運作上。

二、形名問題

　　由「象」索「形」，由「端」知「名」之論，已涉及認識層面的形名問題。這裡首先要人正視事物之形與名二層面。透過觀察所呈現的貌象，得以索知事物的形態；而由原察事物發生之端緒，則能賦予事物應有之名號。

　　在釐清探知與設立形名的認識依據後，於政治層面的實際運作中，形名的關係乃落實在為政者秉涵虛靜以待物，而後依據事物情態規定予適切的名號。在政治層面，名號能否切合事物實情，關係到為政之治亂。名實相符則國治，不符則國亂，這便是所謂「正名自治之，奇身名廢〈奇名自廢〉」之意。

　　形名在政治層面的此層意義尚見於黃老相關作品，如《管子‧宙合》言「名倚則亂」，《黃帝四經》中〈前道〉篇言及「名正者治，名奇者亂。奇名不立」以及〈道法〉言及的「名形已定，物自為正」，這都強調形名相符乃是治國的關鍵。因此本章總結而言「名正法備，聖人無事」，以形名相符配合上法度的完備，來成就聖人無須作為的政治功效，這也是由形名法度的具體層面對老子「無為」思想加以發展。

三、情理平衡

　　人間社會種種設施，需發乎情依於理。故而稷下道家對典章制度與道德規範，力求情與理兼顧（如〈心術上〉所說：「禮者，因人之情，緣義之理」）。《莊子》說：「和理出其性」（〈繕性〉），但於道德規範則喊出：「仁義其非人情乎！」這是由於「人情」遭受社會規範壓制而發出的呼聲。本章「緣理知情」的提出，則是

將視野投向外在世界，意即首要探究萬物活動的規律，如此才能了解其實情——認識它的存在樣態和真相。

四、天道與人道並舉

「天不為一物枉其時，聖人亦不為一人枉其法」，這是以「天」的特性與律則來類比「人」應有的作為原則，呈現出人事取法天道的價值取向。「天」的運行有其常則，萬物之生養依此常則而序其時、蒙其利。「天」的這種均等而不偏私的特性，顯然承襲自老子「天道無親」的觀點。

天道無私以常則待物，則人事作為亦須屏除個人之私，由形名法度之常，客觀以行事。

三

不可常居也，不可廢舍也，隨變斷事也，知時以為度。大者寬，小者局，物有所餘，有所不足。兵之出，出於人；其人入，入於身⑴。兵之勝，從於適；德之來，從於身⑵。故曰祥於鬼者義於人⑶，兵不義不可。強而驕者損其強，弱而驕者亟死亡；強而卑義信其強，弱而卑義免於罪⑷。是故驕之餘卑，卑之餘驕⑸。

【注釋】

⑴兵之出，出於人；其人入，入於身：「其人入」當作「其入」，衍「人」字（王念孫說）。「兵」，兵戎之事，指戰爭。「出」，發

動。「入」，應接。此言戰爭的發動在於他人，而應接卻在於自己。

(2)兵之勝，從於適；德之來，從於身：「適」，順從、遵循。此言兵勝之道在於順循天道、地道、人道，道德的建立在於己身之修養。

(3)故曰祥於鬼者義於人：「故曰」，標明是引古語。「祥」，順。「義」，宜。

(4)強而卑義信其強，弱而卑義免於罪：此當讀作「強而卑，宜伸其強；弱而卑，宜免於罪」（于省吾說）。「義」同「宜」。「信」同「伸」，發展、增強。「罪」，罪罰、禍患。此言強大而能謙卑，則宜乎其強大可增長；弱小而謙卑，則宜乎其禍患可避免。又：「義」，或為「者」（鍾肇鵬、孫開泰《管子簡釋》注釋）。

(5)驕之餘卑，卑之餘驕：「驕」當讀為《禮記‧中庸》「強哉矯」的「矯」，孔穎達疏：「矯是壯大之形，所云強貌也。」此言強壯發展到最後必然卑弱，卑弱蓄到最後必然強壯。

【今譯】

不可以常居舊舍，也不可以廢舍而無居，這就是說應該順隨變化而決斷事情，審知時宜以為法度。大者寬裕，小者局促；然而物有所寬裕，也必然有所不足。戰爭的發動在於他人，對戰爭的應接卻在於自己。兵勝之道在於順循天道、地道、人道，道德的建立在於己身的修養。所以說要順鬼神之道並合宜於人道，用兵不義不能成功。強大驕橫則會減損其強，弱小驕橫則會迅速滅亡；強大而能謙卑則宜乎其強大可增長，弱小而謙卑

則宜乎其禍患可避免。所以強壯發展到最後必然卑弱，卑弱蓄積到最後必然強壯。

【詮釋】

本章闡釋了以下幾個要點：

一、重時變

黃老重視與時而變，旨在適時順應局勢之變遷。聖人雖依循「道」之常則以行事，然仍需視情勢變遷而權宜因應，不能一味死守常規。司馬談〈論六家要指〉所言「與時遷移，應物變化」正反映這種思想內涵。

二、論大、小

道家在認識論層面的討論中，常論及「大」、「小」一對概念。《老子》第六十三章言及「大小多少」，其中「大小」一詞的意義既指向人以不同的認識觀點來區判事物的大小之別，同時也可能意指事物的發展乃由小而漸漸積累至大。至莊子，則純然由認識角度的層面來探討「大小」一對概念。如〈秋水〉篇云「因其所大而大之，則萬物莫不大；因其所小而小之，則萬物莫不小」。「大小」顯現出相對的意味，其意義乃決定於不同的認知角度。

而本章言及的「大者寬，小者局；物有所餘，有所不足」，則既由認識層面說明事物寬裕與不足的相對認知意義；同時也觸及事物實際狀態的變遷所造成的寬裕與不足之不同情勢演

變。

三、論 兵

　　本章對於用兵的態度特別指出「兵不義不可」，也即是強調用兵的適宜性。此種「義兵」的觀點亦見於黃老其他文獻中，如〈十大經・本伐〉中言「世兵道有三：有為利者，有為義者，有行忿者」。

　　至於用兵之道如何方為適宜？本章所言「兵之勝，從於適」，則是以順循天道、地道、人道，亦即合於天時、地利、人和作為用兵的原則。

四、戒 驕

　　「驕」本為老子所戒。第九章言「富貴而驕，自遺其咎」，而第三十章亦言「果而勿驕」，無不是要人以「驕」為戒。老子「反者道之動」認定事物處於極端之勢必轉而朝反面發展的形上觀，本章正以「驕之餘卑，卑之餘驕」證之。老子還提出「強大處下，柔弱處上」的行事原則，本章云：「強而驕者損其強，弱而驕者亟死亡」之論，正是老子「戒驕」思想的承繼與引申。

四

　　道者，一人用之，不聞有餘；天下行之，不聞不足。此謂道矣。小取焉則小得福，大取焉則大得福，盡行之而天下服；殊無取焉，則民反，其身不免於賊(1)。左者

出者也，右者入者也；出者而不傷人。入者自傷也(2)。
不日不月，而事以從(3)；不卜不筮，而謹知吉凶(4)。是
謂寬乎形，徒居而致名(5)。去善之言，為善之事，事成
而顧反無名(6)。能者無名，從事無事。審量出入，而觀
物所載(7)。孰能法無法乎？始無始乎？終無終乎？弱無
弱乎(8)？故曰美哉嗛嗛(9)！故曰有中有中。孰能得夫中
之衷乎(10)？故曰功成者隳(11)，名成者虧。故曰，孰能棄
名與功，而還與眾人同(12)？孰能棄功與名，而還反無成？
無成有貴其成也，有成貴其無成也(13)。日極則仄，月滿
則虧。極之徒仄，滿之徒虧，巨之徒滅。孰能己〈已〉
無己〈已〉乎？效夫天地之紀。(14)人言善，亦勿聽；人
言惡，亦勿聽。持而待之，空然勿兩之(15)；淑然自清，
無以旁言為事成(16)。察而徵之，無聽辯(17)；萬物歸之，
美惡乃自見。

【注釋】

(1)殊無取焉，則民反，其身不免於賊：安井衡讀為「殊無取焉
　　則民反，其身不免于賊」。「殊無」，絕無、毫無。「反」，背叛。
　　「賊」，殺戮。

(2)左者出者也，右者入者也；出者而不傷人，入者自傷也：「左」
　　為陽，主動。「右」為陰，主靜。「而」，連詞，當在「入者自
　　傷也」句上（張舜徽說）。此言左為陽，主動出，右為陰，主應
　　接；事物動出並不曾傷人，而是應接有誤自取傷損。下文「審
　　量出入」即回應此文。

(3)不日不月，而事以從：「從」，順當。此言不考慮時日禁忌，率然而行，而事情自然順當。

(4)而謹知吉凶：「謹」，善（《楚辭·懷沙》漢王逸注）。

(5)徒居而致名：「徒」，空虛靜默。「致」是返還之義。「致名」即下文「還與眾人」。

(6)去善之言，為善之事，事成而顧反無名：張舜徽以為兩「之」字衍。「顧反」即「還返」（王念孫說）。

(7)審量出入，而觀物所載：此謂審量事物之發生與應接是否得當，考究事物與所載之名稱是否相符。〈心術下〉第一章「凡物載名而來，聖人因而財（裁）之」即此。

(8)孰能法無法乎，始無始乎，終無終乎，弱無弱乎：「法」、「始」、「終」、「弱」謂循法、謀始、慎終、守弱，「無法」、「無始」、「無終」、「無弱」謂為而不著跡象。前者喻「為」，後者說「無為」。

(9)芇芇：同「昏昏」，幽晦之貌（張舜徽說）。又同「莘莘」，盛茂（《廣雅·釋訓》）。

(10)有中有中，孰能得夫中之衷乎：「中」讀為「沖」，虛也（張舜徽說）。按：「中」，作本義解亦通。「有」猶保（《禮記·哀公問》注）。「衷」，裡衣，在此義猶內蘊。

(11)隳：毀敗。

(12)同：當為衍字（張舜徽說）。

(13)無成有貴其成也，有成貴其無成也：「無成有貴其成也」當作「無成貴其有成也」（王念孫說）。此言貴其有成是為無成，貴其無成方是有成。此老子所謂「大成若缺」（《老子》第四十五章）。

⒁執能己〈已〉乎無己〈已〉乎？效夫天地之紀：兩「己」字當作「已」（何如璋等說）。「己」同「止」，靜定之義（〈內業〉「能止乎？能已乎？」即此）。此言誰能持守靜定而不露守靜的跡象，此當效法天地自然虛之道。〈心術上〉之「天曰虛，地曰靜」。

⒂持而待之，空然勿兩之：張佩綸云：「元無本『勿』字是。」按：「勿」蓋當作「而」。「兩」，權衡。「兩之」，即權衡兩端而持其中，下文「若左若右，正中而已」所謂「執其兩端，用其中」（《禮記‧中庸》）即此。

⒃淑然自清，無以旁言為事成：「淑」當為「寂」（李哲明說）。「成」，成敗。此言靜則自明，無以旁人之言定事之成敗。

⒄察而徵之，無聽辯：「徵」，驗證。「辯」，言辯，言辭，即上文之「旁言」。

【今譯】

　　道，一個人使用它，沒有什麼多餘的；天下人使用它，也沒有什麼不足的。這便稱為「道」。君主取之於道少則少得福，取之於道多則多得福，完全採用道則天下聽從；絲毫也不採用道則百姓背叛，身遭殺戮。左方主動出，右方主應接。事物出現並不傷人，而是應接有誤自取傷損。不考慮時日禁忌而事情自然順當；不從事龜卜占筮而善知吉凶。這便是所謂身心寬閒，安然自處而返還名功於天下。捨去好話，只做好事，事情成功後自己卻復歸於默然無名。有能者無名，善行事者無事。審量事物的發生與應接是否得當，考察事物與所予的名稱是否相符。誰能遵循法度卻又看不出遵循法度的痕跡？誰能謀慮事物的開

始卻又看不出謀始的痕跡？誰能謹慎事物的終了卻又看不出慎終的痕跡？誰能持守卑弱卻又沒有守弱的痕跡？所以說這真是幽晦之美呀！所以人們說守中守中，有誰能真正得到守中的內蘊呢？所以人們說自以為功績成就的必然毀敗，自以為名聲成就的必然虧傷。所以說誰能捨棄名聲和功績，並把它返還給天下眾人呢？又有誰能捨棄功績和名聲，而復歸於無成就呢？追求有所成就的實際上是無成，崇尚無所成就的才真正是有成。太陽正中時必然傾斜，月亮滿盛時必然虧損。凡屬盛極之類的都會傾側，凡屬盈滿之類的都必然虧損，凡屬巨大的都必然潰滅。誰能持守靜定而不露守靜的痕跡呢？這只有效法天地之道的人才能做到。別人說好的，不要相信；別人說不好的，也不要相信。應該持守中正來對待，虛心以權衡它們；靜則自明，不要把道聽塗說當作事實。詳細考究並求得驗證，不要聽信那些善辯之辭。萬物都會歸聚，美惡自然會顯現。

【詮釋】

一、論 道

　　本章首先以「道」乃取之不盡用之不竭，並且人一旦取用之則得福無盡的形象性描述，言及道無限而能畜養萬物的特性。其意義乃承《老子》「大道泛兮其可左右，萬物恃之以生而不辭……可名於大。」（第三十四章）以及「道之出口，淡乎其無味……用之不可既」（第三十五章）之道論而來。

二、審量出入，觀物所載

　　本章提出「審量出入」、「觀物所載」的主張，這屬於認識論有關的命題。在論及人如何對待外物的觀點上，首先闡明人之所以在與萬物的接觸應對中受到損傷，並非外物本身主動傷及人，而是人自身應接有誤所致，繼而提出人須仔細審察一己與外物之應接是否得當，並考察事物之實情與所給予之名號是否相符，以此作為免於為外物所傷之方法。

三、「為無為」的引申

　　本章言及「能者無名，從事無事」，指出無名、無事的行事原則。接著進一步論述「法無法」、「始無始」、「終無終」、「弱無弱」，亦即雖秉持「循法」、「謀始」、「慎終」、「守弱」等原則，然而於行事作為上卻不著痕跡，可說是對老子「為無為」思想的進一步引申。

四、物極必反之形上觀

　　所謂「日極則仄，月滿則虧。極之徒仄，滿之徒虧，巨之徒滅」，正是承繼老子事物發展至極端必走向反面的「反者道之動」形上觀，及至戰國晚期楚國黃老《鶡冠子》乃提出「物極則反」命題，來概括這一事物運行的法則。既然事物有物極必反之發展規律，則本章乃以「已無已乎，效夫天地之紀」，亦即持守靜定而不露跡象，循物極必反之天地原理，讓一己免於盛極而衰。

五、徵引《莊子·山木》文句

本章言及「故曰：功成者墮，名成者虧。故曰：孰能棄名與功，而還與眾人同」，其中「故曰」一詞顯然表明是引古語，而《莊子·山木》正云「自伐者無功，功成者墮，名成者虧，孰能去功與名而還與眾人」，故而本章文句所引之古語正出自〈山木〉，此為〈白心〉晚於《莊子·山木》之一證。

五

天或維之，地或載之。天莫之維，則天以墜矣；地莫之載，則地以沉矣。夫天不墜，地不沉，夫或維而載之也夫。又況於人？人有治之，辟之若夫靁鼓之動也(1)。夫不能自搖者，夫或搖之(2)。夫或者何？若然者也。視則不見，聽則不聞。灑乎天下滿，不見其塞，集於顏色，知於肌膚(3)。責其往來，莫知其時。薄乎其方也，韕乎其圜也，韕韕乎莫得其門(4)。故口為聲也，耳為聽也，目有視也，手有指也，足有履也，事物有所比也(5)。當生者生，當死者死也，言有西有東，各死其向(6)。

【注釋】

(1)人有治之，辟之若夫雷鼓之動也：「治」，掌管，主持。「辟」即「譬」。此言人事亦有主掌者，譬如雷聲之有鼓動者。

(2)夫不能自搖者，夫或搖之：兩「夫」字義同「彼」，指代上這「人」(人事)。「搖」，治，主掌。「或」，代詞，有某人、有某

物。「搯」或作「搖」，古「搖」字 (王念孫說)。此言人事不能
自己主掌，而是有某種東西在支持著它。按：這裡的「或」
(某物) 即指道。

⑶集於顏色，知於肌膚：此言「道」表現在人的表情上，匯集
在人的肌膚裡。〈內業〉所說「道者，所以充形」。「集」、「知」
互倒 (王引之說)。

⑷薄乎其方也，韕乎其圜也，韕韕乎莫得其門：「薄」，地勢廣
大貌。兩「其」字指「道」。「韕」即「淳」。「淳乎」形容天
體運轉 (《莊子・則陽》〈釋文〉引王注：「淳淳，流動貌」)。「韕韕」
同「沌沌」，昏然無分別的樣子。此言「道」如地勢之方廣、
天體之圓轉，使人茫然不得其門徑。

⑸目有視也，手有指也，足有履也，事物有所比也：前三個「有」
字當為「為」之音之訛。「比」，比附、歸屬。

⑹言有西有東，各死其向：「言」字衍 (張佩綸說)。「死」猶「歸」。
「向」，處所。「西」謂月亮西升，「東」謂太陽東出。西升者
東落，東出者西沉，各有歸屬，即「各死其向」。

【今譯】

　　天有某種東西在維持著它，地有某種東西在承載著它。如
果沒有某種東西在維持著天，則天就會墜下來；沒有某種東西
在承載著地，則地就會沉下去。之所以天不墜下來，地也不沉
下去，或許有某種東西在維持和承載著它們。這又何況於人事
呢？人事也有主掌者，譬如雷聲之鼓動者。人事不能自己運作，
有某種東西在支配它的運作。所謂「或」是指什麼？或許是這

樣的意思。「道」是看不見，聽不到的。它飄蕩布滿天下，而天下不感到壅塞，它又可以表現在人的表情上，聚集在人的肌膚裡。探究它的往來，卻不能察知它的時間。它如地勢之方廣，天體之圓轉，使人茫然不得其徑。因此，口用來發音，耳用來聽聲，目用來視色，手用來指物，足用來行地，任何事物都有它的歸屬。事物該出現的就會出現，該消失的就會消失，這就好像月亮西升東落、太陽東出西沉，它們都有各自固定的歸屬。

【詮釋】

本章首先由天地不墜不沉的事實，暗示出「道」乃是這一切的支持者，並由此引申出人事亦有主掌者；其次探討「道」超越人之見聞的特性。

一、「道」維持天地之恆存而人事亦有其主

本章以含有不確定、猜測語氣的「或」字，來指涉天地所以不墜不沉的原由，一方面暗示出「道」乃是這一切存在的支持者；同時以不確定的語氣加以暗示，亦在強調「道」雖是天地萬物的支持養育者，然而卻不對萬物加以宰制，而是呈顯為萬物自身運作與發展的力量。可以說是既指出「道」，卻又不特別突出「道」。

本章接著由「道」支持天地萬物的形上角度，推引出人事亦如天地有其支持主掌者。由此處的論述，我們可以理解黃老在「無為」與「有為」之間的辯證性。道支持天地萬物的存在，此是有為；然而支持的方式卻非宰制與干涉，而是展現為天地

萬物自身恆然運作發展的力量，此又是「無為」，兩者互為涵攝。就人事而論，人事運作尤其政治層面須有聖王君主實際主事，此是「有為」；然而主事的方式則是君臣分職、任官以能，君主規劃而臣主行事，君不涉臣事，此又是君道的「無為」，兩者亦是互動相關。

另外，本章在暗示「道」存在的敘述方式，可說於莊子多有稟承。莊子學派強調物的自性，而傾向否定天地間有個維繫者。如《莊子‧天運》即言「天其運乎？地其處乎？日月其爭於所乎？孰主張是？孰為綱是？孰居無事而推行是」；〈齊物論〉亦言「夫天籟者，吹萬不同，而使其自己者，咸其自取，怒者其誰邪」；而〈知北遊〉明言：「天不得不高，地不得不廣，日月不得不行，萬物不得不昌，此其道與！」而〈則陽〉謂「季真之莫為，接子之或始」；本章對天地維繫者的論點，似乎近於接子的主張，但在道的運作上，又採取季真「莫為」的觀點。

二、道的特性

本章描述「道」非人的感官所能聞見，不過「道」卻能因人的循取而展現在人的表情、肌膚等身體徵貌上。

此外，所謂「莫知其時」與「莫得其門」的敘述，則分別由時、空二面向再一次說明道的無限性。

六

　　置常立儀⑴，能守貞乎⑵？常事通道⑶，能官人乎
⑷？故書其惡者，言其薄者⑸。上聖之人，口無虛習也
⑹，指無虛指也，物至而命之耳。發於名聲，凝於體色，
此其可諭者也；不發於名聲，不凝於體色，此其不可諭
者也。及至於至者⑺，教存可也，教亡可也。故曰濟於
舟者和於水矣，義於人者祥其神矣⑻。事有適而無適，
若有適；觸解不可解，而後解⑼。故善舉事者，國人莫
知其解⑽。為善乎，毋提提⑾；為不善乎，將陷於刑。
善不善，取信而止矣。若左若右⑿，正中而已矣。懸乎
日月無已也。愕愕者不以天下為憂，剌剌者不以萬物為
笑⒀。孰能棄剌剌而為愕愕乎？

　　難言憲術，須同而出⒁。無益言，無損言，近可以
免⒂。故曰知何知乎？謀何謀乎？審而出者，彼自來。
自知曰稽，知人曰濟⒃。知苟適可為天下周⒄。內固之
一，可為長久⒅；論而用之，可為天下王⒆。

【注釋】

⑴置常立儀：「常」即老子的「常道」，或曰「恆道」。「儀」，社
　會儀則。
⑵能守貞乎：「貞」，正。第一章「建當立有，以靖〈靜〉為宗」，
　〈正〉篇「立常行政〈正〉」均與此相照）。
⑶常事通道：意即應是順道。「常」猶「當」，「當事」即應事。

「通」，順。

(4)官人：即〈正〉篇「臨政官民」的「官民」，管理百姓。

(5)書其惡者，言其薄者：兩「其」字義猶「乃」。此言書帛乃聖人之所厭棄，言語乃聖人之所鄙薄。又按：「惡」訓為「粗」，猶言糟粕。《莊子・天道》輪扁所謂「書」乃「古人之糟粕」。此言書乃古人之糟粕，言語為志意之浮薄者。

(6)口無虛習也：「習」字張舜徽疑當作「唱」。按：「習」與「唱」形音遠隔。疑「習」讀為「疊」（《說文通訓定聲》：「『習』假借為『疊』」），口唇相疊，謂發聲出言。口不妄言語，手不妄指使，正與前文「口為聲也，手有〔為〕指也」相照。

(7)及至於至者：後一「至」字謂至道。

(8)濟於舟者和於水矣，義於人者祥其神矣：此言渡舟者和諧於水性，宜民者順於神祇。

(9)事有適而無適，若有適；觿解不可解，而後解：「若有適」即乃為適（「若」猶「乃」，「有」同「為」）。「觿」，解開紐結的工具。此言適宜處事卻不見適宜之法，乃可稱為「適」；能解結卻不可見其解法，而後乃稱為「解」。此《老子》「善行無轍跡」之謂（第二十七章）。

(10)國人莫知其解：「解」，端倪，蹤跡（《廣雅・釋詁三》：「解，跡也」）。

(11)為善乎，毋提提：「提提」同「題題」，顯揚之貌（王念孫說）。

(12)若左若右：「若」猶「或」。「左」，下，猶不及。「右」，上，猶過之。

(13)愕愕者不以天下為憂，刾刾者不以萬物為笑：「愕愕」讀為「落落」（郭沫若說）。「笑」讀為「愜」（俞樾說）。「刾刾」當作「棘

棘」，同「亟亟」（《爾雅‧釋詁》陸德明〈釋文〉云：「或作棘」）。「亟亟」即《莊子‧逍遙遊》之「數數」（《爾雅‧釋言》「亟亦數也」）。此言落落無為者不以天下事為憂，亟亟有為者不以有萬物為快。

(14)難言憲術，須同而出：「難」猶「重」，慎重、審慎。「言」猶發布（《釋名‧釋言語》：「言，宣也。」《墨子‧經上》：「言，出舉也」）。「同」，平衡、權衡。「出」，指出令，頒佈法令。

(15)近：當作「迺」，即今「乃」字（郭沫若說）。

(16)自知日稽，知人日濟：「稽」，洞察、明察。「濟」讀為「齊」（張文虎說）。「齊」，中正（《詩‧小宛》疏「中正日濟」）、公正。

(17)知苟適可為天下周：「適」，達到。「知苟適」，謂自知、知人如果都能做到的話。「周」，或疑當作「君」（俞樾說），或疑當作「帝」（郭沫若說）。按：「周」，指至德之人（《周易》〈釋文〉：「周，至也，備也。」〈樞言〉云：「周者，不出於口，不見於色，一龍一蛇，一日五化之謂周」）。

(18)內固之一，可為長久：「之」猶「於」，「一」謂「道」（許維遹說）。「長久」當作「久長」（張文虎說）。此言內守於道可使生命長久。

(19)論而用之：「論」同「掄」，選擇，擇時。謂擇時度事而施用之。

【今譯】

建立恆常之道確立社會儀則，能夠持守正定麼？應事順道，能管理百姓麼？書帛為聖人視如糟粕，言語為聖人所之鄙薄。

至聖之人，口不妄言語，手不妄指使，事物出現了便以名稱去規定它。通過言聲發布出來，通過形色表現出來的聲教政令是可以知道的；而不通過言聲發布出來，也不通過形色表現出來的「道」是不可知曉的。達到了至道的境界，則政教便是可有可無的了。渡船的人適應水性，行義於人的會得福於神祇。適宜處事卻不表現出適宜之法，這才可以稱為「適」；能解結卻不可見其解法，這才可以稱為「解」。所以善於治事者，人們不能窺見其端倪。做好事，不要顯揚；做壞事，會遭刑罰。好或不好，以取信為標準；過或不及，從中正為準則。如此則德養如日月常懸。落落無為者不以天下事為慮，亟亟有為者不以萬物為快。誰能拋棄亟亟有為而追求落落無為呢？

慎重發布法律治術，必須反覆權衡再制定頒佈。不要主觀妄自增加什麼或減少什麼，這樣才能避免失誤。真正的智慮是無需智慮的，真正的謀劃是無需謀劃的。言辭聲教審度之後再出示於人，則百姓自然歸順。了解自己稱為明察，了解別人稱為中正。自知和知人如果都能做到的話，便可以成為天下至德之人。內心持守於道，便可使生命長久；擇時度世而施用之，則可以成為天下王。

【詮釋】

一、置常立儀

所謂「常」，即是老子所言的常道。第十六章言：「夫物芸芸，各復歸其根。歸根曰靜，靜曰復命。復命曰常。」「常」是

指萬物運動變化的律則。此律則落實為人事作為的依準，便具有價值的意含。「儀」則是指向人事規範的具體儀則，此儀則的設立正是取法自常道。如此取法常道以立人事儀則的論點，正如首章所說的「建當立有」同義。

二、至道的境界

刑名聲教雖是為政的必要途徑，然而為政者則是「事有適而無適，」不著行跡、無心而為。此如《老子》所言「善行無轍跡……善結無繩約而不可解」（第二十七章）。

以無心作為輔以形名教化，等達到至道之境，君臣百姓之間則如「濟於舟者和於水」，整體自適相忘於和諧之境，則政教之施自然融入此諧和之境中。

三、慎　言

「難言憲術，須同而出」，指明政令之頒布應避免為政者一時之主觀好惡，須先慎重地反覆權衡客觀實情，使政令措施得以符合民情。「難言憲術」，是寫主政者頒布法令治術的審慎態度。「須同而出」，是強調主政者所制定的法令需以民意為依歸。

四、承繼莊子的論點

所謂「為善乎，毋提提；為不善乎，將陷於刑」，顯然承繼《莊子·養生主》中「為善無近名，為惡無近刑」之論點而來，這亦是〈白心〉晚於《莊子》的又一證。

七

　　天之視而精⑴，四壁而知請⑵，壞土而與生⑶。能若夫風與波乎？唯其所欲適⑷。故子而代其父曰義也，臣而代其君曰篡也。篡何能歌？武王是也⑸。故曰孰能去辯與巧，而還與眾人同道？故曰思索精者明益衰，德行修者王道狹，臥名利者寫生危⑹，知周於六合之內者⑺，吾知生之有為阻也⑻。持而滿之，乃其殆也。名滿於天下，不若其已也。名進而身退，天之道也⑼。滿盛之國不可以仕任，滿盛之家不可以嫁子，驕倨傲暴之人不可與交⑽。

【注釋】

⑴天之視而精：「而」，能。下兩「而」字與此同義。觀察天道能使人精明。

⑵四壁而知請：「壁」當作「闢」，開、通。「請」當作「情」（丁士涵說）。此言通曉四方能知人情物理。

⑶壞土而與生：土地能為人提供生存資料。

⑷能若夫風與波乎？唯其所欲適：能像風動波興那樣，自然而然，從心所欲麼？

⑸篡何能歌，武王是也：此言臣篡君位何以能被歌頌，周武王就是這樣的例子。

⑹臥名利者寫生危：寢息在名利上者是置生命於危地中。「寫」，置。

⑺六合：上下四方，指天地、天下。

⑻吾知生之有為阻也：「為」字衍。尹注「故於其生有阻難也」，
　亦無「為」字。

⑼名進而身退：許維遹據《老子》訂此「名進」作「名遂」。

⑽滿盛之國不可以仕任，滿盛之家不可嫁子，驕倨傲暴之人不
　可與交：「任」字衍，「交」當作「友」（王念孫說）。今出土帛
　書《黃帝四經‧稱》有此三句，無「任」字，「交」作「友」，
　正與王說同。「與」猶「為」。

【今譯】

　　觀察天道使人精明，通曉四方能知人情物理，土地能為人
提供生存資料。能如風動波興那樣，自然而然，從心所欲嗎？
子代其父被稱為義，臣篡君位何以能被歌頌，周武王就是這樣
的例子。所以說，誰能去除言辯智巧，而復與眾人同道？所以
說，思索過度反捐精明，修行過度則王道狹隘，寢息於名利則
置生於危境，盡施智慧於天地萬物，則必有礙於生命。執持盈
滿，必有危險；名貫天下，不如適時而止功名；成就則及早退
隱，這是符合天道的。不可到極端強盛的國家去做官，不可嫁
女給極端豪貴的家庭，不可與驕橫暴戾之人為朋友。

【詮釋】

　　本章一方面探討人倫尊卑與權位轉移的「義」與「篡」之
別，並呈顯出「革命」的思想；同時反對持恃滿盛而主張須有
「名進身退」的自覺。

一、義與篡之別

在倫常輩位的傳承中，若是立基於宗法制度的父死子繼以及理念志意上的繼志述事，則子代父位是合宜的，故謂之「義」；然君臣之別牽涉天經地義的尊卑貴賤之分，不得隨意逾越。因此臣代君位為禮法所不許，特謂之「篡」以責之。不過縱使如此，歷史上卻多有臣「篡」君位卻不加攘責，甚而不謂之「篡」的事實，關於此點〈白心〉篇為我們展示了兩種解釋。首先，自《尚書》即有王位之獲得乃秉自天命的觀念，而「天命不易」（〈大誥〉、〈君奭〉）、「皇天無親，惟德是輔」（〈蔡仲之命〉）這也以「德」為中心的思想，由天命移易的角度予以王位轉移一合法的理由。有德者代替已然無德的君王獲得新的「天命」以取得王位，如此，臣代其君是以「德」獲天命，不為「篡」，武王伐紂即是如此。其次，臣代君位是否稱之為「篡」，尚因不同的時勢條件而定，此點《莊子》已然提及。所謂「差其時，逆其時者，謂之篡夫；當其時，順其俗者，謂之義之徒」（〈秋水〉）。本章言及的武王篡而能歌，正可由這兩層意義來了解。

其次，此處呈顯出取代君位的「革命」思想，亦見於其他黃老文獻。如《慎子》逸文有言「有易政而無易國，有易君而無易民」，孟子也在齊國發表這類言論：「齊宣王……曰：『臣弒君，可乎？』孟子曰：『……聞誅一夫紂矣』」（〈梁惠王下〉）。《易傳》革卦〈彖〉辭宣揚「順乎天應乎人」的「革命」思想，正是在這一時代思潮下所提出的。

二、功遂身退之思想

本章提出戒「持滿」，並言「名進而身退，天之道也」，此正承《老子》「功遂身退，天之道也」(第九章) 的論點而來。所謂「滿盛之國不可以仕任，滿盛之家不可以嫁子，驕倨傲暴之人不可與交」，這話亦見於馬王堆黃老帛書《黃帝四經·稱》，可證「滿盛」之戒為老學至黃老之學所一再強調的。

八

道之大如天，其廣如地，其重如石，其輕如羽。民之所以知者寡⑴。故曰何道之近，而莫之與能服也⑵？棄近而求遠，何以費力也⑶？故曰欲愛吾身，先知吾情；君親六合⑷，以考內身，以此知象⑸，乃知行情⑹；既知行情，乃知養生。左右前後，周而復所⑺。執儀服象，敬迎來者⑻；今夫來者，必道其道，無遷無衍，命乃長久⑼。和以反中，形性相葆。一以無貳，是謂知道。將欲服之，必一其端而固其所守⑽。責其往來，莫知其時；索之於天，與之為期⑾，不失其期，乃能得之。故曰吾語若大明之極⑿。大明之明，非愛人不予也⒀，同則相從，反則相距也⒁。吾察反相距，吾以故知古從之同也⒂。

【注釋】

⑴民之所以知者寡：這是說道之廣大而難究其極，輕重變化難以捕捉，所以很少有人能真正了解它。又郭沫若句讀為「民

之所以，知者寡」，謂道乃民之所用，但知之者寡。亦通。今
譯從郭說。

(2)而莫之與能服也：「與」字衍（安井衡說）。「服」，用，行。

(3)棄近而求遠，何以費力也：此當釋為：何以費力去捨近求遠
呢？「近」謂己身，「遠」謂身外。

(4)君親六合：據尹注，「君親」當作「周視」（俞樾說）。

(5)以此知象：「象」，法，取法。

(6)乃知行情：「行情」，張舜徽釋為「驅遣情欲」。按：「行」似
可釋為「行氣」之「行」，謂引導也。「情」謂情性（前文「先
知吾情」之「情」同此）。

(7)左右前後，周而復所：左右前後，求道於身外；遍求無獲，
復返於己身求之。

(8)執儀服象，敬迎來者，必道其道：「執」、「服」皆是用義。「儀」、
「象」謂禮數儀節。行用禮數儀節敬迎來者，喻正身誠意應
接事物。

(9)今夫來者，必道其道，無遷無衍，命乃長久：「今」當作「令」
（張舜徽說）。上一「道」字同「導」。「遷」，移，游離。「衍」，
泛濫。此言令外物之來者，必導其入道，無使之游離於道外
且泛濫也。

(10)必一其端而固其所守：「一」，專一。「端」，正定。「所守」，
謂虛靜。

(11)索之於天，與之為期：「天」，猶冥冥。「為期」，相會，相合。

(12)故曰吾語若大明之極：「若」，汝，你。「大明」，天道。「極」，
指准則、規律。

⒀大明之明，非愛人不予也：「之」，乃。此言天道是明察的，
　非有所愛惜而不予人也。

⒁同則相從，反則相距也：與天同道則天道順隨他，與天相逆
　則天道違離他。

⒂吾察反相距，吾以知古從之同也：考察當今逆天而被天道離
　棄的例子，因此得知古代得到天道的是因為與天相合。

【今譯】

　　道大如天，浩廣似地，重如磐石，又輕如羽毛。它本為百
姓日常所需要使用的，但卻很少人知道它。為什麼道與人們如
此密切，卻沒人能真正有效地使用它呢？人們為什麼費力地去
捨近而求遠呢？所以說想要愛惜己身，首先就要了解自己的情
性；遍觀天地萬物，以此省察自身，因此懂得有所取法，並知
如何引導情性；知道如何引導情性，便知如何養生了。人們左
右前後求道於身外，最後還要復返於己身求之。正身誠意，應
接事物；令外物襲來，引導入道，不使離道泛濫，生命方能長
久。與物和諧反歸中正，身形情性兩相護養。專心一意，可謂
知「道」。採用道時，必專一正定而固守虛靜。詢問道的往來，
則不知其時間規律；求之於冥冥，則可與之相會，不失去這種
冥合，便可得道。所以說我告訴你的便是天道的規律。天道是
明察的，並非有所愛惜而不施予人，與天同道則天道順隨他，
與天相逆則天道違離他。我們考察今日逆天而被天道離棄的例
子，我們因此便可得知古人得到天道的是因為與天相合。

【詮釋】

一、 論 道

　　本章首先以「其大如天」、「其廣如地」、「其重如石」以及「其輕如羽」等形象性語言，比喻道的無所不在。而道不離人身，民卻「知者寡」，此如《易傳》所言「百姓日用而不知」（〈繫辭上〉）。

二、 天道與人

　　「同則相從，反則相距」，此處言及人與道的關係，決定在人的主動性，若依循道，道自在人身，否則不然。此依《老子》「天道無親，常與善人」（第七十九章）以及「同於德者，道亦德之；同於失者，道亦失之」（第二十三章）論點而來。

三、 養生之道：「和以反中，形性相葆」

　　本章以引導性情的角度來說明養生之旨，此包含以正心誠意的專一精神來應接事物，使物我和諧而使生命返歸中正之道，亦即身形與情性的兩相護養。

　　〈白心〉作者，在強調認識道，需保持心志專一的精神狀態，因而提出「一以無貳，是謂知道」的警句；在強調形性雙修以達和諧心境方面，更提出了「和以反中，形性相葆」的重要命題。

第三部分

〈形勢〉〈宙合〉
〈樞言〉〈水地〉

四篇解釋

〈形勢〉解釋

本篇篇名為〈形勢〉，劉向《別錄》說「〈山高〉，一名〈形勢〉」，疑本篇最初是取篇首字而題名〈山高〉，後則以主題題名法更名為〈形勢〉。本篇多論「勢」而不出「形勢」及「勢」字，〈形勢解〉則「勢」字習見，故疑〈形勢解〉的撰作及〈山高〉更名為〈形勢〉要在〈山高〉撰作之後。本篇不出「勢」字，亦不出「禮」字，與《黃帝四經》同。如說「上失位則下逾其節」時並不言「禮義」等，而〈牧民〉在論禮義廉恥「四維」之後，緊接著便說「下逾其節則上位不安」，這似乎可以反映〈形勢〉的撰作時間較早。另外，〈牧民〉很多地方頗像是對〈形勢〉的展開。

〈形勢〉主以道攝勢說，「勢」與「名」都被統攝於道之下，它與後來的任勢輕賢派及以賢攝勢派都有不同。勢、名之論，確定了君、臣界畔，其在〈心術上〉中得到詳細的展開；在〈宙合〉、〈樞言〉中也有體現，如「君出令佚，臣任力勞」等即源於〈形勢〉。

〈形勢〉多集古訓民諺，它與〈樞言〉一樣，皆與《黃帝四經·稱》的體例接近。在叶韻上，多「自叶」現象，即本句叶韻而非上下叶韻，《老子》即多有此「自叶」現象。

一

　　山高而不崩，則祈羊至矣；淵深而不涸，則沉玉極
矣(1)。天不變其常，地不易其則，春秋冬夏不更其節，
古今一也。蛟龍得水，而神可立也；虎豹託幽，而威可
載也(2)。風雨無鄉，而怨怒不及也(3)。貴有以行令，賤
有以忘卑，壽夭貧富，無徒歸也(4)。銜命者，君之尊也；
受辭者，名之運也(5)。上無事則民自試，抱蜀不言而廟
堂既修(6)。鴻鵠鏘鏘，唯民歌之；濟濟多士，殷民化之
(7)。飛蓬之問，不在所賓；燕雀之集，道行不顧(8)。犧
牷圭璧，不足以饗鬼神；主功有素，寶幣奚為(9)。羿之
道，非射也；造父之術，非馭也；奚仲之巧，非斲削也
(10)。召遠者使無為焉，親近者言無事焉，唯夜行者獨有
也(11)。

【解釋】

(1)山高而不崩，則祈羊至矣，淵深而不涸，則沉玉極矣：山陵
　　高峻而安穩，則有犧牲至奠；淵水深湛而長足，則有美玉來
　　祭。
　　「祈」、「沉」，祭山川之名。「祈」又作䄍、刉，謂割裂牲體，
　　以血祭祀祈福。「沉」，用玉埋於山中或沉於水底以祭神。古
　　之祭山川，牲玉並用，祈沉不別。山主安泰，水善利物；故
　　祭山以祈天下安寧，祀水以求民養不窮。「山」、「淵」喻君，
　　「祈羊至」、「沉玉極」喻民。《荀子‧致士篇》「川淵深而魚

鱉歸之，山林茂而禽獸歸之，刑政平而百姓歸之，禮義備而君子歸之」，很像是對〈形勢〉四句的闡發。

本篇篇名初題為「山高」，是取篇首字；後更名為「形勢」，此四句及下文「虎豹託幽」、「蛟龍得水」含有「勢」的思想；然本篇無「形勢」一詞，亦無「勢」字。豬飼彥博說「山高淵深，形也；羊至玉極，勢也」。

(2)蛟龍得水，而神可立也；虎豹託幽，而威可載也：蛟龍處淵水而其神可立，虎豹依幽谷而其威可建。

「託幽」通行本作「得幽」。王念孫說：「當依明仿宋本及朱東光本作『託幽』」。「載」猶「立」(《史記‧禮書》索隱「載，置也」。「置」，立，建)。

(3)風雨無鄉，而怨怒不及也：風雨自然興降，無所偏向，故而無從埋怨它。下文「無私近也，無私遠也」即此「無鄉」。「鄉」同「向」。

(4)貴有以行令，賤有以忘卑，壽夭貧富，無徒歸也：高貴者有發號施令的必然，低賤者有承受卑微的必然，或長壽或短命或貧窮或富有，總之一切都是有其必然原因的。

「忘」，〈形勢解〉作「亡」。按：疑本作「任」，形訛為「王」，又音訛為「亡」或「忘」。《書‧牧誓》之「武王」，漢石經訛為「任」，即其證。貴者行令，賤者任卑，猶〈宙合〉「君出令佚，臣任力勞」。「無徒歸」，沒有徒然而至的，意即一切皆有其因。

(5)衡命者，君之尊也；受辭者，名之運也：君主施令，是因為有尊顯的位勢；臣下奉命，是名分正常的運行。

此文有誤，當本作「受（授）辭者，君之尊也；銜命者，名
之運也」。「授辭」，謂授意施令，是就君主而言。「銜命」，謂
奉行君命，是就臣下而言。「授辭」承上「貴有以行令」說，
「銜命」承上「賤有以任卑」說。

「授辭者，君之尊也」言「勢」，「銜命者名之運也」言「名」。
這二句是互文見義的寫法，上句論勢而兼名，下句論名而兼
勢，君之施令有尊貴之名，臣之奉命，則勢有卑微。〈明法解〉
云「明主處必尊之勢，以制必服之臣，故令行禁止」，此即「授
辭者君之尊也」。

(6)上無事則民自試，抱蜀不言而廟堂既修：君主無為而百姓自
　　正，執道循法而朝廷皆治。

「試」讀為「飾」，與「飭」同，正。典籍常以「飾」（飭）
與「修」對舉（如《漢書・谷永傳》「飭身修政」）。「蜀」讀為「獨」
（李國祥、豬飼彥博、于省吾等說）。「抱獨」，即老子之「抱一」，
即《黃帝四經》「抱道執度」（〈稱〉）。「廟堂」，謂朝廷。

「上無事而民自試〔正〕」即《老子》「清靜以為天下正」（第
四十一章），「抱蜀不言而廟堂既修」即《老子》「天得一以清，
地得一以寧」（第三十九章）。

(7)鴻鵠鏘鏘，唯民歌之；濟濟多士，殷民化之：君主平正寬和，
　　贏得人民的稱讚歌頌；百官肅敬勤勉，使百姓得被教化。

「鴻鵠」，天鵝，在此比喻君主。「鏘鏘」，也寫作「將將」，
和美的樣子（參孫蜀丞說）。「濟濟」，整肅的樣子（〈形勢〉解釋為
「誠莊事斷」）。「多士」，指百官。

　　這兩句包含兩層意思：第一，「鴻鵠鏘鏘」喻「主執度」、

「君無為」(《詩・文王》「濟濟多士，文王寧之」就是這個意思)。「濟濟多士」是說「臣循理」、「臣有為」。《黃帝四經・經法・六分》「主執度，臣循理」與此合。主執度而「操其名」，故鏘鏘和美，臣循理而「效其形」，故濟濟整肅，此即韓非「形名參同，上下和同」。第二，「鴻鵠鏘鏘」喻君主寬德，「濟濟多士」謂百官嚴法。此四句意謂：君寬德以和美，故民得以「歌之」；臣嚴法以整肅，故民得以教化。《黃帝四經》有言：「天德皇皇，非刑不行；繆繆 (穆穆) 天刑，非德必傾。」按：「皇皇」，平正之美，形容德賞；「穆穆」，威儀整肅，以況刑罰。此即所謂「刑德相養」(《十大經・姓爭》)。

　　「殷民化之」句後，通行本原有「紂之失也」四字，此為古注誤入正文，當刪 (許維遹、黃翬說)。上文「歌」、「化」同部叶韻，「失」字無韻。

(8)飛蓬之問，不在所賓；燕雀之集，道行不顧：區區小知，無人聽用；區區小術，無人關注。

這四句原文當作「飛蓬之問，所在不賓；燕雀之集，行道不顧」。「飛」古作「蜚」，通「菲」，薄。「蓬」，枯草。「問」，言語 (丁士涵說)。菲蓬之言，喻小知。「所在」與「行道」相對，猶處處、到處。「賓」，聽從 (章炳麟說)。「不賓」與「不顧」相對。「燕雀」，小雀，猶莊子之「斥鷃」。「集」與「輯」、「習」古通。「習」，本義為鳥雀頻頻而飛。燕雀之習，喻小術。「道行」當作「行道」(聞一多說)。菲蓬之言、燕雀之習，即莊子所謂「小言詹詹」、「小知間間」(《齊物論》)。

(9)犧牷圭璧，不足以饗鬼神；主功有素，寶幣奚為：用牛羊玉

璧獻祭，不一定得到鬼神的佑助；明主成就事功在於保持空靈的心境，而不在於用玉器錢帛厚祭神靈。

「犧牷」，丁士涵以為當從〈形勢解〉作「犧牲」。「饗」，獻祭。「主功」，君主成就事功。「有」，保有，保持。「素」，空靈虛靜。「寶」，指祭祀之玉器。「幣」，祭神的錢帛。

(10)羿之道，非射也；造父之術，非馭也；奚仲之巧，非斲削也：后羿之道，不局限於射技上；造父之術，不局限於駕技上；奚仲之妙，不局限於斫削之技上。

「羿」、「造父」、「奚仲」，分別為古史中善射、善駕和善製車子的人。「斲削」，削木以製車。所謂「射」、「馭」、「斲削」皆是技，而「羿之道」、「造父之術」、「奚仲之巧」則指道，即莊子所謂「臣之所好者道也，進乎技矣」（〈養生主〉）。技是臣之有為，道是君之無為，莊子「不射之射」、「其釣若釣」即道也。無為者，操其名而佚；有為者，效其形而勞。

(11)召遠者使無為焉，親近者言無事焉，唯夜行者獨有也：使遠人來歸而不憑藉使者，使國人親附而不依靠語言，只有與道冥然契合者才能有此神妙。

「召」，致，使之至。「使」，使節，使者。「親」，使之親附。「無為」與「無事」同義，皆謂無用、不用。「夜行」猶「心行」，謂內心冥然契合於道。「獨有」下脫「之」字（王念孫說）。下文「四方所歸，心行者也」即此「夜行」之義，〈形勢解〉正以「能心行德」釋「夜行」。「夜行」或釋為「陰行」，此是就道的性狀而說；「心行」則是就道的應用而言。道之行貴在微晦，故微晦而行用道者謂之「夜行」；微晦行道而不著跡象，

則莫過於心，故又謂之「心行」。

二

　　平原之隰，奚有於高？大山之隈，奚有於深⑴？訾
讆之人，勿與任大⑵。謨巨者可以遠舉，顧憂者可與致
道⑶。其計也速而憂在近者，往而勿召也⑷。舉長者可
遠見也，裁大者眾之所比也⑸。美人之懷，定服而勿厭
也⑹。必得之事，不足賴也；必諾之言，不足信也⑺。
小謹者不大立，訾食者不肥體⑻。有無棄之言者，必參
於天地也⑼。

【解釋】

⑴平原之隰，奚有于高？大山之隈，奚有於深：平澤之處雖偶
　有土堆，怎能算得高崇；高山之處雖偶有洼地，怎能算低卑。
　「平原之隰」當作「平隰之封」（王念孫說）。「隰」，下濕之地，
　指沼澤。「封」，本謂堆土，引申指小土堆。「隈」，山上低洼
　之處。「深」讀作「沉」，低下。〈宙合〉「苟大意得，不以小
　缺為傷」即此「大山之隈，奚有於深」。《淮南・氾論》「河上
　之邱冢，不可勝數，猶之為易也；水激興波，高下相臨，差
　以尋常，猶之為平」顯係由「平隰之封」四句化出。
⑵訾讆言之人，勿與任大：毀賢譽惡混淆是非之人，不可委以
　重任。「訾」，毀賢。「讆」，譽惡。（尹注）
⑶謨巨者可以遠舉，顧憂者可與致道：謀劃遠大的人，可與之

共舉大事；見識長遠的人，可與之共圖大業。

「譴」，古「謨」字，謀劃。「巨」，通行本誤作「臣」，「以」當作「與」(豬飼彥博說)。「可與遠舉」，謂可與之共舉大事。「顧」，瞻視。「憂」與優、悠古通，謂大、遠、久。「顧憂」，猶言高瞻遠矚。「可與致道」，猶言可與共圖大業。

《淮南‧氾論》「體大者節疏，蹠距者舉遠」，又云「制法之民不可與遠舉，拘禮之人不可使應變」。可見「謨巨顧憂」者，即是不宥制於舊法，不拘泥於舊禮的「應變」之人。而所謂「顧憂」，即是「觀往以知來」(《列子‧說符》)，它包含對以往的總結和對未來的設計這樣雙重含義。

(4)其計也速而憂在近者，往而勿召也：對只知謀求近期效益、思慮短淺之人，應該揮之使去，勿召而用之。「計」，設計謀劃。「憂」，思慮。「往」，使之去，使離開。

(5)舉長者可遠見也，裁大者眾之所比也：舉措長遠者可使遠人仰見，才度浩大者可使眾人順此。「裁」同「材」、「才」。「比」，順比、親附。或讀「比」為「蔭庇」之「庇」。

(6)美人之懷，定服而勿厭：要使人民甘心樂意地歸附，就必須行用道德而不違棄它。

據解文和尹注，「美人之懷」當作「人美懷之」，謂人民樂於懷歸。「服而勿厭」語出《詩‧葛覃》「服之無斁」(毛傳：「斁，厭也」)。「服」，用，行。「厭」，違棄。解文、尹注均認為所服用者為「道德」，下文均談道之用，可證。

(7)必得之事，不足賴也；必諾之言，不足信也：不該得而偏要得的東西，是靠不住的；不應允諾而偏要允諾的語言，是信

不過的。

⑻小謹者不大立，訾食者不肥體：謹小慎微者不能有偉大的成
　就，挑揀食物者不能有壯健的體魄。

　「訾」古本作「訾」，〈形勢解〉亦作「訾」。《玉篇》「訾，嫌
　食貌」。按：責人之疵曰訾，責食之疵曰訾。

　《淮南・說林》「畫者謹毛而失貌，射者儀小而遺大」，義同。

⑼有無棄之言者，必參于天地也：若能謹記上述所言，則其德
　可比配天地。

　　「有」，讀為「若」（《國語・魯語》「其中有羊」，《史記・孔子世家》
　作「其中若羊」）。「棄」，遺棄、遺忘。「之言」，此言，指以上所述。

　　「之言」指「平隰之封」至「訾食者不肥體」這一大段文
字。這段文字特點與古代之格言諺語接近，其形式類似於《黃
帝四經》的〈稱〉。

三

　　墜岸三仞，人之所大難也，而猿猱飲焉⑴。故曰伐
矜好專，舉事之禍也⑵。不行其野，不違其馬⑶。能予
而無取者，天地之配也⑷。怠倦者不及，無廣（曠）者
疑神；〔疑〕神者在內，不及者在門；在內者將假，在門
者將待⑸。曙戒勿怠，後稚逢殃；朝忘其事，夕失其功
⑹。邪氣入內，正色乃衰⑺。君不君則臣不臣，父不父
則子不子，上失其位則下逾其節，上下不和令乃不行⑻。
衣冠不正則賓者不肅，進退無儀則政令不行⑼。且懷且

威，則君道備矣⑽。莫樂之則莫哀之，莫生之則莫死之。
往者不至，來者不極⑾。

【解釋】

⑴墜岸三仞，人之所大難也，而猿猱飲焉：面對三仞高的懸崖，
　人以為大難而猴子卻能嫻熟迅捷地跳行往來。

　「墜岸」，指懸岸、懸崖。「仞」，七尺。「飲」古作「歙」，當
　讀作「闟」（即諂），嫻熟迅捷。《莊子·庚桑楚》云「夫尋常
　之溝，巨魚無所還其體而鯢鰌為之制；步仞之丘，巨獸無所
　隱其驅而蘷狐為之祥」，其所喻相同，皆說「尺有所短，寸有
　所長，物有所不足，智有所不明」之理（《楚辭·卜居》）。

⑵故曰伐矜好專，舉事之禍也：自我誇耀、驕傲自大、自以為
　是、專斷偏執，這些都是君主行事的禍根。

　「故曰」二字疑衍（王念孫說）。「伐」謂自誇，「矜」謂自大，
　「好」謂自是，「專」謂獨斷。國君當戒此四者，道家多有所
　論，而一本老子。

⑶不行其野，不違其馬：人雖暫時不馳行於野外，馬亦不可棄
　而不養。

　此論說「舉長者」的「遠見」。「違」，棄。〈形勢解〉云「雖
　不行於野，其養食馬也，未嘗懈惰也。民者，所以守戰也；
　故雖不守戰，其治養民也，未嘗懈惰也」。就馬而言，雖不行
　野亦善養之；就民而言，雖天下「無事」亦善「安」之。如
　此，方能「以其有事，起之則天下聽」（《黃帝四經·經法·論》）。

⑷能予而無取者，天地之配也：只知給予而不知索取的，便可

稱得上是德配天地。

這是針對上文「必得之事不足賴也」而說。帛書《繆和》「君人者有大德於民而不求其報」、〈乾·文言〉「乾能以美利利天下，不言所利」，只予不取，是父母之愛子，因此「父母之行備，則天地之德也」(《黃帝四經·經法·君正》)。

(5)怠倦者不及，無廣（曠）者疑神；〔疑〕神者在內，不及者在門；在內者將假，在門者將待：怠慢倦惰者不能抓住時機，勤奮勉力者則趨時若神；趨時若神者倏焉在前，貽誤時機者遲焉在後；在前者閒暇從容，滯後者勞乏疲困。

「及」，及時，趁時。「不及」，謂貽誤時機。「曠」通行本作「廣」，據豬飼彥博等說改，疏懶荒廢。「無曠」，指勤勉。「疑」同「擬」(劉師培等說)，「擬神」，謂趨時若神。「擬神者」，「疑」字舊脫，據豬飼彥博校補。「在內」、「在門」，猶在前、在後。「假」讀為「暇」，「待」讀為「殆」(聞一多說)。

這幾句所論說的，是黃老道家的「趨時取福」說。

(6)曙戒勿怠，後稚逢殃；朝忘其事，夕失其功：晨時懈怠，晚間遭殃；早間荒疏其事，晚間必失其功。

「曙戒」當讀為「曙刻」，謂黎明時 (「戒」、「刻」同為見母職部字，古為同音字。《漢書·宣帝紀》注「刻者，以漏言時也」)。「勿」讀為「忽怠」之「忽」，「稚」讀為「遲暮」之「遲」(聞一多說)。「後」與「遲」同義。「忘」讀為「荒」。

《國語·越語下》「得時無怠，時不再來，天予不取，反為之災，贏縮變化，後將悔之」，與此同旨。

(7)邪氣入內，正色乃衰：邪氣侵襲於內，正色則衰退於外。

《黃帝四經》「色者心之華也，氣者心之浮也」(《十大經‧行守》)，《國語‧晉語》「夫貌，情之華也」。〈內業〉、〈心術〉亦多有相似言論。

(8)君不君則臣不臣，父不父則子不子，上失其位則下逾其節，上下不和令乃不行：做君主的徒有其名，為人臣的便無人臣之實；做父親的徒有其名，為人子的即無人子之實；居上位者失其所處，下屬就會僭越名分；上下失去和諧則法度律令便不會實施。

《黃帝四經》頗多這類言論，如謂：「觀國者觀主，觀家者觀父。……主失位則國荒，臣失處則令不行。」(《經法‧六分》)

(9)衣冠不正則賓者不肅，進退無儀則政令不行：名分等級不嚴格則臣下懈怠，動靜刑賞無準度則政令不行。

「衣冠」，喻名分等級。「賓」本謂儐相，禮賓之官，在此喻臣下。「進退無儀」本謂登降揖讓不合禮儀，在此喻動靜刑賞失去準度。「政令」，疑本作「號令」，本謂儐相之號令，在此喻政令。

按：「衣冠不正則賓者不肅」說正名，「進退無儀則號令不行」說正法。

(10)且懷且威，則君道備矣：既以德賞懷撫，又以刑罰威攝，這樣就具備了為君之道。

「且懷且威」即《黃帝四經》的「刑德相養」、「德虐相成」。

「懷」謂「母之德」，「威」謂「父之行」；「父母之行備，則天地之德也」(《黃帝四經‧經法‧君正》)。

(11)莫樂之則莫哀之，莫生之則莫死之；往者不至，來者不極：

不能使民安樂則民亦不會分君之憂，不能使民生育繁息則民亦不會為君出死效力；君主無所施予，臣民也無所報效。「樂」謂使之佚樂，「生」謂使之生息。〈牧民〉「民惡憂勞，我佚樂之」，「民惡滅絕，我生育之」，「能佚樂之，則民為之憂勞」，「能生育之，則民為之滅絕」，即本文「莫樂之則莫哀之，莫生之則莫死之」。「往」，謂君主之施。「來」，謂臣民之報。「極」，到來。

四

道之所言者一也，而用之者異(1)。有聞道而好為家者，一家之人也；有聞道而好為鄉者，一鄉之人也；有聞道而好為國者，一國之人也；有聞道而好為天下者，天下之人也；有聞道而好定萬物者，天下之配也(2)。道往者其人莫來，道來者其人莫往(3)。道之所設，身之化也(4)。持滿者與天，安危者與人(5)。失天之度，雖滿必涸；上下不和，雖安必危(6)。欲王天下而失天之道，天下不可得而王也(7)。得天之道，其事若自然；失天之道，雖立不安(8)。其道既得，莫知其為之；其功既成，莫知其釋之；藏之無形，天之道也(9)。疑今者察之古，不知來者視之往；萬事之生也，異趣而同歸；古今一也(10)。

【解釋】

(1)道之所言者一也，而用之者異：道所闡述的本是同一個道理，

但卻可以有不同的施用範圍。

以下分別從家、鄉、國、天下、萬物這樣不同的範圍而論述道之理同而用者異，《黃帝四經》所謂「乃可小夫，乃可國家」（〈十大經・前道〉）、「小以成小，大以成大」（〈道原〉）。

(2)有聞道而好為家者，一家之人也；有聞道而好為鄉者，一鄉之人也；有聞道而好為國者，一國之人也；有聞道而好為天下者，天下之人也；有聞道而好定萬物者，天下之配也：「為」，治理。「人」，人才。「定萬物」，使飛潛動植等一切物種皆以正定其性。「天下之配」當作「天地之配」（黃震、王念孫說），謂德配天地。

此以道定萬物並視之為最高層次。道之施用，由家而鄉而國而天下的次序與老子論道的流衍擴散的次序完全一樣（參見《老子》第五十四章），《禮記・大學》與此相近，但無「鄉」這個層面；《莊子・逍遙遊》「行比一鄉」、「能徵一國」也有「鄉」這個層面。《黃帝四經・十大經・前道》也說「正道不殆，可後可始。乃可小夫，乃可國家，小夫得之以成，國家得之以寧。小國得之以守其野，大國得之以并兼天下」。

(3)道往者其人莫來，道來者其人莫往：得道者則民歸之，失道者則民去之。

這二句宋楊忱本作「道往者其人莫往，道來者其人莫來」，古本作「道往者其人莫來，道來者其人莫往」。按：疑本作「道來者其人莫往，道往者其人莫來」。「道來」，謂得道，「道往」謂失道；「往」謂離去，「來」謂來歸。〈形勢解〉及尹注亦是得道、失道的次序，下文「得天之道」、「失天之道」的次序

與此同。

(4)道之所設，身之化也：道之所在，讓人們契合它的運動變化。

「身之化也」當作「身與之化也」(許維遹說)。

道有恆止、變化兩種特性。道的運動變化促使萬物發生變化，
這即是《黃帝四經》所說的「夫唯一不失，一以騎（趨）化」
(《十大經·成法》)；天道運動變化，萬事萬物亦與之相契合，
就能向好的方向轉化，這即是《黃帝四經》所說的「合之 (契
合道的運動變化) 而涅（化）於美」(《十大經·前道》)。

(5)持滿者與天，安危者與人：使完滿保持守定，就必須契合天
道；使危亡轉為安泰，就必須順應民心。「持」，把握。「與」，
順從。

《國語·越語下》「夫國家之事，有持盈，有定傾」，又云「持
盈者與天，定傾者與人」。

(6)失天之度，雖滿必涸；上下不和，雖安必危：天道若失，滿
盛亦會枯竭；人道不和，安泰亦會轉為危殆。

此二句承上二句而說。《黃帝四經·稱》說「毋失天極，究數
而止」，之所以要「究數而止」，是因為「極而反，盈而衰」；
人道之重「和」是取法天道之重「度」，故帛書《易之義》說
「毋過數而務重和」。

(7)欲王天下而失天之道，天下不可得而王也：要稱王天下卻背
離天道，天下是不可能統一的。

從「欲王天下」、「可得而王天下」等虛擬語氣看，它反映黃
老道家早期對王天下的構想特徵，《黃帝四經》與此接近；所
謂「王」有更多的老、莊「聖王」的氣象。未得天下者，多

重天道；已得天下者，多重人道。故戰國道家與秦漢道家在論王天下時，常有這種分際。

(8)得天之道，其事若自然；失天之道，雖立不安：掌握了天道，統一天下的事功便會自然而成；違背天道，即便成就了事功也不能保持。

此承上「王天下」而繼續申說。下文「莫知其為之」、「莫知其釋之」即是「其事若自然」的展開。按照《黃帝四經》的說法，掌握了道就可以像「大庭氏之有天下也，不辨陰陽，不數日月，不志四時，而天開以時，地成以材」(《十大經‧順道》)，就可以「名自命也，物自正也，事自定也」(《經法‧論》)。

(9)其道既得，莫知其為之，其功既成，莫知其釋之；藏之無形，天之道也：得到了道，卻不知它是如何發揮作用的；成就了事功，卻不知它是何時離去的；行藏隱現皆無形跡可尋，這就是天道的特性。

「釋」，去，離開。「藏」，是「行藏」的省文，謂隱現。道之性，「人皆以之，莫知其名；人皆用之，莫見其形」(《黃帝四經‧道原》)，此即「其道既得，莫知其為」；「生而弗有，為而弗恃，功成而不居」、「功遂身退，天之道也」(《老子》第二、九章)，此即「其功既成，莫知其釋之」。

(10)疑今者察之古，不知來者視之往；萬事之生也，異趣而同歸；古今一也：不了解今天可以考察古代，不知未來可以回顧歷史；事物的本性，發展方式有異而終極卻一致，古往今來其總規律是一樣的。

「生」同「性」(郭沫若說)。「趣」，路徑，猶言方式。

本篇開篇即說「天不變其常，地不易其則，古今一也」，又說「道之所言者一也，而用之者異」，即此「異趣而同歸」。

「觀前知反」、「觀治知亂」（《黃帝四經·稱》）、「聖人見出以知入，觀往以知來」（《列子·說符》）、「彰往而察來」（《易傳·繫辭下》），道家對此多有論述。

五

　　生棟覆屋，怨怒不及。弱子下瓦，慈母操箠(1)。天道之極，遠者自親；人事之起，近親造怨(2)。萬物之於人也，無私近也，無私遠也(3)。巧者有餘，而拙者不足(4)。其功順天者天助之，其功逆天者天違之；天之所助，雖小必大；天之所違，雖成必敗；順天者有其功，逆天者懷其凶，不可復振也(5)。

【解釋】

(1)生棟覆屋，怨怒不及。弱子下瓦，慈母操箠：以新伐之木為屋棟，未經風乾變形而導致屋坍，這不能責怪木材；小孩子拆下屋瓦，母親必然要捶之以木棍。

　　「生棟」，以新伐之木為棟（豬飼彥博說）。「覆屋」，謂以未經風乾之木為屋棟，日久則變形而使房屋傾覆。「弱子」，幼子，小孩。「箠」，即捶，木材，木棍。

(2)天道之極，遠者自親；人事之起，近親造怨：以客觀規律為準則，遠方的人會來親近而歸附；以主觀意願來辦事，親近

者也會怨恨而離去。

(3)萬物之於人也，無私近也，無私遠也：萬物對於人來說，本
　無親疏遠近之別。

　　《呂覽‧貴公》「陰陽之和，不長一類；甘露時雨，不私一物；
　萬民之主，不阿一人」正是申說此文所謂「無好無惡，道也」。

(4)巧者有餘，而拙者不足：懂得道術的巧者遊刃有餘，不懂得
　道術的拙者，成事不足。

　　「巧者」即下文之「順天」者，「拙者」即下文之「違天」者。
　「巧者」無為而順天；「拙者」則反之。《莊子‧天道》「無為
　也則用天下而有餘，有為也則為天下用而不足」，《呂覽‧貴
　公》「處大官者不欲小察，不欲小智，故曰大匠不斲，大庖不
　豆，大勇不鬥，大兵不寇」，此即說無為、操名之「巧者」。
　《黃帝四經》說「以有餘守，不可拔也；以不足攻，反自伐
　也」(《經法‧君正》)，又說「知王術者，費少而有功；不知王術
　者，費多而無功」(《經法‧六分》)，此亦屬「有餘」、「不足」之
　說。

(5)其功順天者天助之，其功逆天者天違之；天之所助，雖小必
　大；天之所違，雖成必敗；順天者有其功，逆天者懷其凶，
　不可復振也：其事順應天道則天助之，其事違逆天道則天棄
　之；天道所助者，雖弱小而終必強大；天道所棄者，雖事成
　而終必敗亡；順天道者能成就事功，逆天道者必有凶殃，無
　可挽救。

　　此文疑作「順天者天助之，有其功；逆天者天違之，懷其凶；
　天之所助，雖小必大；天之所違，雖成必敗」。功與凶，東部

叶韻；大與敗，月部叶韻。「不可復振」蓋是古注誤入正文。
《黃帝四經》云「順天者昌，逆天者亡」（《十大經·姓爭》）。順
天者，謂動靜得時，執守雌節；逆天者，謂動靜失時，執守
雄節。故《黃帝四經》又云「靜作得時，天地與之；靜作失
時，天地奪之」（《十大經·姓爭》），又說「雄而數得，是謂積殃，
凶憂重至，幾於死亡；雌節而數亡，是謂積德，慎戒毋法，
大祿將極」（《十大經·雌雄節》）。

六

　烏鳥之狡，雖善不親；不重之結，雖固必解⑴。道
之用也，貴其重也⑵。毋與不可，毋疆不能，毋告不知；
與不可，疆不能，告不知，謂之勞而無功⑶。見與之交，
幾於不親；見哀之役，幾於不結；見施之德，幾於不報；
四方所歸，心行者也⑷。獨王之國，勞而多禍；獨國之
君，卑而不威；自媒之女，醜而不信⑸。未之見而親焉，
可以往矣；久而不忘焉，可以來矣⑹。日月不明，天不
易也；山高而不見，地不易也⑺。言而不可復者，君不
言也；行而不可再者，君不行也⑻。凡言而不可復，行
而不可再者，有國者之大禁也⑼。

【解釋】

⑴烏鳥之狡，雖善不親；不重之結，雖固必解：如烏鴉般交往，
　　雖一時相好但終不相親；不是反覆纏繞的繩結，雖一時繫緊

但終必鬆解。

「狡」同「交」（江翰等說），〈形勢解〉作「烏集之佼」，「佼」亦同「交」，交往。「重」，重複，反覆纏繞。

〈樞言〉云「先王不約束，不結紐。約束則解，結紐則絕。故親不在約束結紐」。善而親，結而固，在於「心行」。

(2)道之用也，貴其重也：道在運用時，貴在惇厚誠敬。

「重」，惇厚誠敬。「道之用也，貴其重也」之上當有缺文，張佩綸云「此以烏鳥之交喻見與之交，以不重之結喻見哀之役，不應見施之德句不設一喻，疑有闕文」。

「道之用也，貴其重也」為以上三「喻」（缺一喻）作結，而「四方所歸，心行者也」又為以上三「正」作結；「道之用」正與「心行」呼應，「心行」又為「道之用」之注腳。

(3)毋與不可，毋疆不能，毋告不知；與不可，疆不能，告不知，謂之勞而無功：不要親與不可信賴之人，不要勉強不能信守恆德之人，不要傳道於狂惑無知之人；否則必勞而無功。「與」，相親與。

「毋與不可」承上「烏鳥之狡，雖善不親」而說，故「不可」謂不可信賴。「毋疆不能」承上「不重之結，雖固必解」而說，故「不能」謂不能信守恆德者。「毋告不知」所承之文有缺，前文訾謩者、小謹者、訾食者、飛蓬燕雀之小知小術者，均不可告之以大道，莊子所謂「井蛙不可以語於海者，曲士不可以語於道者」（《莊子·秋水》），故「不知」指狂惑無知之徒。

(4)見與之交，幾於不親；見哀之役，幾於不結；見施之德，幾於不報；四方所歸，心行者也：表面上顯示親暱的友情實際

上談不上親近，表面上顯示愛悅的交誼實際上談不上結好，表面上顯示施予的恩惠實際上談不上報答；想要天下歸心，關鍵還是默而行道。

「見與之交」、「見哀之役」當從〈形勢解〉作「見與之友」、「見愛之交」(王念孫說)。「見」，表現、顯示。「心行」，默而行道。

「心行」與「見」相對，「見」謂彰顯，「心行」謂微晦。彰顯其親、其愛、其施，是著跡，是下德；「心行」為上，正是老子所謂「善結無繩約而不可解」。

(5)獨王之國，勞而多禍；獨國之君，卑而不威；自媒之女，醜而不信：君主專斷獨裁的國家，必定民勞財傷而禍殃不斷；專斷一國的君主，反而卑弱而無威嚴；自為媒妁之女子，必然難以取信於人。

「獨王」，專斷獨裁的君主。「獨國」，孤立的國家。這都是「獨夫」、「一夫」之謂。

(6)未之見而親焉，可以往矣；久而不忘焉，可以來矣：君主不能被人民所親信，人民會離棄他；君主能使人持久地感懷他，人民會來歸附。

(7)日月不明，天不易也；山高而不見，地不易也：日月偶有虧蝕但終不損其明，因為天道是不變的；大山偶有低窪但終不損其高，因為地道是不變的。

(8)言而不可復者，君不言也；行而不可再者，君不行也：言語如果有誤，國君即不可再說；行事如果有失，國君即不可再做。

(9)凡言而不可復，行而不可再者，有國者之大禁也：重複過失之言和過失之行，是君主的大忌。

〈形勢〉開篇說「天常地則」，結尾說「言行」，是始於道而終於德。

〈宙合〉解釋

「宙合」，即合絡宇宙之義。唯道與氣，大之無外，小之無內，可合絡宇宙，故「宙合」即道、即氣。

〈內業〉專論心與氣，而〈宙合〉則論道與氣綱領下的人間萬理。

本篇分前經後解，其寫作體例與〈心術上〉相同。

本篇與《管子》四篇等一樣，均屬稷下道家作品。如論君佚臣勞（第一章），論繩墨法度（第二章），論因時（第三章），論戒盈（第四章），論周密慎言（第五章），論微晦之道（第六章），論任賢（第七章），論與變隨化（第八章），論心官、易政（第九章），論驕佚（第十章），論天時地利人事（第十一章），論持守名分（第十二章），論積與報（第十三章），論道氣應當（第十四章），這些都是戰國稷下作品所常見的論題。本篇與〈白心〉、〈內業〉、〈心術〉、〈形勢〉及〈樞言〉等思想一致，尤其末章論氣（宙合）、論應、論當，均見於〈內業〉、〈心術〉、〈白心〉。本篇末章為全篇之大結，亦是本篇之綱紀。

經

左操五音，右執五味⑴。

懷繩與准鉤，多備規軸，減溜大成，是唯時德之節(2)。

春采生，秋采蓏，夏處陰，冬處陽，大賢之德長(3)。

明乃哲，哲乃明，奮乃苓，明哲乃大行(4)。

毒而無怒，怨而無言，欲而無謀(5)。

大揆度儀，若覺臥，若晦明，若敎之在堯也(6)。

毋訪於佞，毋蓄於諂，毋育於凶，毋監於讒。不正，廣其荒(7)。

不用其區區，鳥飛准繩(8)。

護充末衡，易政利民(9)。

毋犯其凶，毋邇其求，而遠其憂，高為其居，危顛莫之救(10)。

可淺可深，可浮可沉，可曲可直，可言可默；天不一時，地不一利，人不一事(11)。

可正而視，定而履，深而迹(12)。

夫天地一險一易，若鼓之有桴〈枹〉，摘擋則擊(13)。

天地萬物之橐，宙合有橐天地(14)。

【注釋】

(1)左操五音，右執五味：尹注「左陽，君道；右陰，臣道」，此論君臣分職，猶所謂「左執規（天道、君道），右執矩（地道、臣道）」。吳汝綸、郭沫若據解文以為此「右執五味」下脫「故名之曰不德」。此為經文一章。

(2)懷繩與准鉤，多備規軸，減溜大成，是唯時德之節：「繩」為

取正之具。「准」為取平之具。「鉤」為取直之具。三者以喻法度。「規軸」即圓軸，喻法度宜宛轉柔順。「減」猶「咸」。「溜」，解文釋為「發」。「咸發」即《易傳》之「品物咸亨」。「節」，符節，喻相合。「時德之節」謂「時」與「德」相合。「懷繩與鉤」云云，黃老道家多有論及，如《黃帝四經‧經法》的〈道法〉、〈四度〉等。此為經文二章。

(3)春采生，秋采蓏，夏處陰，冬處陽，大賢之德長：「蓏」，秋天成熟的果實。春採生鮮芽葉，秋採成熟果實，與下二句「夏處陰，冬處陽」一樣喻相時而動。此為經文三章。

(4)明乃哲，哲乃明，奮乃苓，明哲乃大行：「明」謂自知。明哲者，謂自知其雄而能守其雌。「奮」，強盛。「苓」同「零」，衰落。「奮乃苓」，即「盛極而衰」，與《老子》第三十六章旨義相同，亦即老子所謂「物壯則老」。此為經文四章。

(5)壽而無怒，怨而無言，欲而無謀：「壽」，恨（《後漢書‧馮衍傳》注）。「欲」，圖劃。憎惡而不形怒於外，怨恨而不見諸言表，心有所圖則默而行之。此為經文五章。

(6)大揆度儀，若覺臥，若晦明，若敖之在堯也：「大揆度」，指深思熟慮。「儀」字疑屬下讀，言其儀態若覺臥、若晦明。「若覺臥」，即清醒而表現出不清醒。「覺」，醒覺、清醒。「臥」即「寐」，「覺」之反面。《淮南‧精神》「故覺而若眛」即此。「若晦明」，張佩綸以為當作「若明晦」，謂明白而表現出不明白。「若敖之在堯」，謂如同敖在堯前之童蒙無知。「敖」，堯之子。此與老子所謂「知雄守雌」、「大白若辱」、「俗人昭昭，我獨昏昏」相近。此亦承上章之慎周密而說。此為經文

六章。

(7)毋訪于佞，毋蓄于謟，毋育于凶，毋監于讒。不正，廣其荒：「訪」，謂徵召聘用。「蓄謟育凶」，謂畜養謟官凶吏。「監」，保護。又可讀為「鑒」，借鑒、採納。「不正，廣其荒」，謂治國失正，雖欲自大亦可損敗。「廣」，自大。「其」猶「可」。「荒」，損敗。此為經文七章。

(8)不用其區區，鳥飛准繩：吳汝綸說「鳥飛准繩上，據後解當有聖人參于天地六字」。「區區」，小謀小智。「不用其區區」，言聖人之治，不在於用小術，而在於匹配天地之道，持守虛靜。故下文云「聖人參于天地」（吳汝綸校），解文云「不用其區區，虛也」。「鳥飛准繩」，言鳥之飛雖有小曲而無礙其大直，可為人行為之準繩。此為經文八章。

(9)謍充末衡，易政利民：「末」，謂耳目。「衡」，正，端正。「謍」當讀為「中」（孫蜀丞說）。《漢書・李廣傳》注：「中猶充也，讀與衷同。」「中」，謂心。「充」，實，誠實。此言心地忠實則耳目端正。故解文云：「謍充，言心也，心欲忠；末衡，言耳目也，耳目欲端。」「易」，平易、寬鬆。「易政利民」，謂政治平易寬鬆則有利於民。此「易政」與解文之所謂「險政」正相為對。此為經文九章。

(10)毋犯其凶，毋邇其求，而遠其憂，高為其居，危顛莫之救：「邇」，親近。其義猶言貪圖。「遠」，疏遠，遺忘。「高為其居」，喻驕居高位。此言謹慎韜晦勿行凶險之事，不要貪於求取而忘其憂患，驕居高位則危險甚至顛覆而無法挽救。此為經文十章。

⑾可淺可深，可浮可沉，可曲可直，可言可默；天不一時，地不一利，人不一事：因天不一時、地不一利、人不一事，故淺深、浮沉、曲直、言默均當宛轉隨宜。此為經文十一章（原十一舉目在「可言可默」下，劉績以為當在「人不一事」下。今從劉說）。

⑿可正而視，定而履，深而迹：三個「而」字均同「爾」，汝。「履」，謂所處之位。「深」，堅實。「迹」，事跡、行跡。此言應該端正你審視問題的立場，正定你所處的職分，使你的行事堅實不苟，此為經文十二章。

⒀夫天地一險一易，若鼓之有椁〈桴〉，摛擋則擊：「椁」當作「桴」，鼓棰（洪頤煊說）。「摛擋」，鼓聲。「則」猶「乃」。「摛擋則擊」，謂摛擋之聲乃由敲擊所致。此言天地之道有險有易，人之道亦有險有易，然險之與易，皆由人為所致，此猶鼓之摛擋之聲乃由敲擊所致。此為經文十三章（按：原文此處不分章，此依趙守正分章法）。

⒁天地萬物之橐也，宙合有橐天地：「橐」，用為名詞猶言口袋；用為動詞，猶言包裹、包羅。「有」同「又」。此言天地如同萬物的口袋，而宙合又包裹著天地。從解文對「宙合」的描述來看，它與〈內業〉、〈心術〉等對「氣」和「道」的描述是一樣的，因此，「宙合」即指「合絡宇宙」的「氣」。此為經文十四章。

解・一

「左操五音，右執五味」，此言君臣之分也。君出令

佚，故立于左；臣任力勞，故立于右⑴。夫五音不同聲
而能調，此言君之所出令無妄也，而無所不順，順而令
行政成。五味不同物而能和，此言臣之所任力無妄也，
而無所不得，得而力務財多。故君出令，正其國而無齊
其欲，一其愛而無獨與是⑵；王施而無私，則海內來賓
矣⑶。臣任力，同其忠而無爭其利⑷，不失其事而無有
其名；分敬而無妒，則夫婦和勉矣⑸。君失音則風律必
流⑹，流則亂敗；臣離味則百姓不養，百姓不養則眾散
亡。君臣各能其分則國寧矣⑺，故名之曰不德⑻。

【解釋】

⑴君出令佚，故立于左；臣任力勞，故立于右：尹注云「左陽，
　君道；右陰，臣道」。按：左為陽、為上、為尊，右為陰、為
　下、為卑。就尊卑言，君為陽、臣為陰；然就動靜說，則君
　位於陰，臣位於陽。陰者為靜，陽者為動。〈心術上〉所謂「人
　主者，立於陰，陰者靜」。「立于左」、「立于右」之「立」字
　同「位」。此君佚臣勞，即〈心術上〉君靜臣動。

⑵正其國而無齊其欲，一其愛而無獨與是：「齊」讀為「濟」，
　成也（安井衡、俞樾說）。「一其愛」即同其愛，普愛天下。「與」
　猶「親」。「是」，指君主以自己的標準認為好的人。這是說君
　主公正為國而非成其私欲，普愛天下而非獨親自認為是者。
　這都在於戒君「無私」。

⑶王施而無私，則海內來賓矣：「王」，或以為當作「平」（豬飼
　彥博說），或以為當作「正」（王念孫、安井衡說）。「賓」，歸順、

聽從。

(4)同其忠而無爭其利：「忠」，疑當作「患」(李哲明說)。此言臣
　　與君共患難而不計較祿利薄厚。《黃帝四經・稱》及《慎子・
　　因循》有「祿薄者不與犯難」(《慎子》作「入難」，均是患難之意)
　　之說。

(5)分敬而無妒，則夫婦和勉矣：「分敬」疑當作「敬分」。「夫婦」，
　　泛指天下男女。此言群臣敬守其名分而無妒嫉，則天下男女
　　會和諧共勉。

(6)君失音則風律必流：「風律」猶言音律 (朱大韶說)。「流」，蕩
　　散 (尹注)。調音有失則音律蕩散，喻君主調控有誤則民情乖
　　離。

(7)君臣各能其分則國寧矣：「能」猶「得」 (孫蜀丞說)。

(8)不德：即「丕德」，大德 (丁士涵說)。

解・二

　　「懷繩與准鉤，多備規軸，減溜大成，是唯時德之
節」。夫繩，扶撥以為正(1)；准，壞險以為平；鉤，入枉
而出直。此言聖君賢佐之制舉也(2)，博而不失(3)，因以
備能而無遺。國猶是國也，民猶是民也，桀紂以亂亡，
湯武以治昌。章道以教，明法以期(4)，民之興善也如此
〈化〉(5)，湯武之功是也。多備規軸者，成軸也(6)。夫
成軸之多也，其處大也不窕〈窆〉(7)，其入小也不塞，
猶迹求履之憲也(8)，夫焉有不適？善適，善備也，儳也，

是以無乏⑼。故諭教者取辟焉⑽。天淯陽，無計量；地化生，無法崖（泮厓）⑾。所謂是而無非，非而無是，是非有，必交來；苟信是，以有不可先，規之；必有不可識，慮之；然將卒而不戒⑿。故聖人博聞多見，畜道以待物，物至而對形，曲均存矣⒀。減，盡也；溜，發也。言徧環畢，莫不備得⒁，故曰減溜大成。成功之術，必有巨獲⒂，必周於德，審於時，時德之遇，事之會也，若合符然，故曰是唯時德之節。

【解釋】

⑴扶撥以為正：「扶」，治（《淮南·本經》高誘注）。「撥」，不正。

⑵制舉：制度舉措。

⑶博而不失：完備而不失之煩瑣。《淮南子》云「法煩難行」（〈泰族〉）、「官無繁治」（〈齊俗〉）。

⑷章道以教，明法以期：彰顯大道以教化人民，申明法度以待民遵守。

⑸民之興善也如此〈化〉：「興」疑「與」字之訛。《儀禮》的〈燕禮〉及〈泰射〉等篇之「興」字，武威出土《儀禮》簡均訛為「與」。「與」，從也（《國語·齊語》注）。「如此」，當從宋本作「如化」（王念孫說）。「與善如化」，即從善如流。

⑹多備規軸者，成軸也：尹注「規者，正圓器。軸者，轉規。大小悉須備，故多備。方主嚴剛，圓主柔和。今用規者，欲施恩引物也」。「成軸」，大意是說規用以成就軸之圓轉。

⑺其處大也不究〈窕〉：「究」當作「窕」，寬鬆（豬飼彥博、王念

孫說)。處大不寬鬆，處小不堵塞，言因其物宜，故無有不適。

(8)猶迹求履之憲也：「憲」，法式。「履法」即「楥」，製鞋的模型。《說文》「楥，履法也」。丁士涵、許維遹讀「憲」為「楥」似屬多餘。「猶跡求楥也」，言根據物之大小而應之以不同的規軸，猶如根據足跡以製作鞋楥。

(9)夫焉有不適？善適，善備也，傆也，是以無乏：此當以「適」字句(姚永概、郭沫若說)。「傆也」當作「備也」(張佩綸說)。「善」，大，猶言非常。此言規軸既因物施宜，故豈有不適之理？其非常適宜，是因為規軸非常完備；因為非常完備，所以無有匱乏窘困。

(10)故諭教者取辟焉：「取辟」即「取法」(尹注「辟，法也」)。又釋為「取譬」(姚永概說)，亦通。

(11)天淯陽，無計量；地化生，無法崖(泮厓)：「淯」，古「育」字。「陽」借為「養」(丁士涵說)。「法」當作「泮」，同「畔」，「畔崖」即邊際(王引之說)。又按：「天生地養」乃古之恆語，故疑此文「天」、「地」互倒，本當作「地育養」，「天化生」。

(12)所謂是而無非，非而無是，是非有，必交來；茍信是，以有不可先，規之；必有不可識，慮之；然將卒而不戒：「是而無非，非而無是」，此言是與非不兩存，是即是、非即非，不可混淆。「是非有，必交來」，郭沫若釋之為「是非相對，不能偏存」，是以《老子》「高下相盈」之對等觀視之。「茍信是」之「是」猶言可行。「必」當作「以」。「規」同「窺」(許維遹說)。「卒」同「猝」。此言如信其可行，亦必有不可預先察見和識慮的因素，事物會猝然而至使之無法防備。《淮南·說山》

「事或不可先規，物或不可豫慮，卒然不戒而至，故聖人畜道以待時」。

⑬物至而對形，曲均存矣：「對」，配也（尹注）。「形」同「型」，模式、原理（趙守正說）。「曲均」猶曲直（郭沫若說）。又按：「形」疑當作「名」。「曲」，丁士涵云「玩尹注，曲疑則字之誤」。則此言物至而配之以名，則平正存矣。

⑭言徧環畢，莫不備得：「徧」，或本作「偏」，猶言局部；「環」猶言全體。「畢」下疑脫「善」字（郭沫若說）。

⑮巨獲：讀為榘矱，法度（王念孫等說）。

解・三

「春采生，秋采蓏，夏處陰，冬處陽」。此言聖人之動靜、開闔、詘信、涅儒、取與之必因於時也⑴。時則動，不時則靜。是以古之士有意而未可陽也，故愁其治言，含愁而藏之也⑵。賢人之處亂世也，知道之不可行，則沉抑以辟罰，靜默以俟免⑶。辟之也猶夏之就清，冬之就溫焉⑷。可以無及於寒暑之菑矣。非為畏死而不忠也。夫強言以為僇，而功澤不加，進傷為人君嚴之義，退害為人臣者之生⑸，其為不利彌甚。故退身不舍端，脩業不息版⑹，以待清明。故微子不與於紂之難，而封於宋，以為殷主⑺。先祖不滅，後世不絕，故曰大賢之德長。

【解釋】

⑴詘信、涅儒：「詘信」即屈伸。「涅」讀為「盈」。「儒」即「偄」、「緛」，同「縮」(王念孫說)。《淮南・人間》「詘伸嬴縮舒卷」義同。

⑵是以古之士有意而未可陽也，故愁其治言，含愁而藏之也：「意」，圖劃。「陽」同「揚」(丁士涵說)。「愁」讀為「搝」，收斂，「含」當作「陰」(王念孫說)。按：「陽」同「揚」，顯揚、發揚(《釋名》「陽，揚也，氣在外發揚也」)。發揚與「含藏」相對，「含」字不誤。〈坤・象〉六三說「含章可貞，以時發也」，〈坤・文言〉六三說「含之以從王事」，六五說「發于事業」，皆是發揚與含藏相對，與此同。前一「愁」字如王說讀為「搝」，後一「愁」字當為衍字。原本當作「是以古之士有意而未可揚也，故搝其治言，含而藏之也」。〈心術上〉「治言出於口」，是「治言」辭例。郭沫若讀「治」為「辭」，「言」字連下讀，不可從。

⑶沉抑以辟罰，靜默以侔免：「辟」同「避」。「侔」，取。

⑷辟之也猶夏之就清，冬之就溫：「辟」同「譬」。「也」字衍(王念孫說)。尹注「喻賢者不避亂世」云云，可證此「辟」讀為「譬」。「清」，涼。

⑸進傷為人君嚴之義，退害為人臣者之生：「嚴」字疑作「者」(丁士涵說)。「進退」猶言上下(郭沫若注)。此皆承上文「強言」而說。此言賢士處不得時而強言顯揚，則上可損及人君之義，下可自害己身之性命。

⑹退身不舍端，修業不息版：「端」讀為「專」，手板，為書寫

之薄（戴望說）。「修業」疑為「休業」之聲訛，與「退身」同
義（郭沫若說）。「版」，與「專」同，書版（《說文》：「專，六寸簿
也」）。「不舍（捨）專」、「不息版」，均是「以待清明」之義。

(7)故微子不與於紂之難，而封於宋，以為殷主：「微子」，名啟，
殷紂庶兄，諫紂不聽，离去。周滅商，微子受封於宋。

解・四

「明乃哲，哲乃明，奮乃苓，明哲乃大行」。此言擅
美主盛自奮也，以琅湯凌轢人(1)，人之敗也常自此。是
故聖人著之簡筴，傳以告後進曰(2)：奮盛；苓，落也。
盛而不落者，未之有也。故有道者，不平其稱，不滿其
量，不依其樂，不致其度(3)。爵尊則肅士，祿豐則務施，
功大而不伐，業明而不矜(4)。夫名實之相怨久矣，是故
絕而無交(5)；惠者知其不可兩守，乃取一焉，故安而無
憂(6)。

【解釋】

(1)以琅湯凌轢人：「琅湯」猶「浪蕩」，驕橫放蕩。「凌轢」，欺
凌傾軋。

(2)簡筴：即簡策，簡冊。「後進」，下文作「後世」。

(3)不平其稱，不滿其量，不依其樂，不致其度：「依」讀為「殷」，
高、盛（俞樾說）。「樂」，音律。「致」同「至」。此言有道之人，
知雄守雌，不使稱至足，不使量至滿，不使音至高，不使度

至極。

(4)爵尊則肅士，祿豐則務施，功大而不伐，業明而不矜：兩「則」字猶「業明而不矜」之「而」，轉折連詞。「肅士」，謂敬賢。「業明」猶言業盛（俞樾說）。

(5)夫名實之相怨久矣，是故絕而無交：「怨」猶「違」，乖離（許維遹說）。「無交」，不合。

(6)惠者知其不可兩守，乃取一焉，故安而無憂：「惠」同「慧」，義猶首句之「明哲」。名實相違既久，世人習以為常，名實兩守則遭嫉，故明哲者但取其一。「取一」，言取其實而棄其名。

解‧五

「毒而無怒」，此言止忿速濟沒法也(1)。「怨而無言」，言不可不慎也：言不周密，反傷其身(2)。故曰「欲而無謀」(3)，言謀不可以泄，謀泄菑極(4)。夫行忿速遂，沒法賊發(5)，言輕謀也，菑必及於身。故曰：「毒而無怒，怨而無言，欲而無謀。」

【解釋】

(1)此言止忿速濟沒法也：「濟」，成。原文「速濟」後有「沒法」二字，為衍文（章炳麟說）。止忿則事速成。

(2)「怨而無言」，言不可不慎也：言不周密，反傷其身：〈繫辭上傳〉「亂之所生也，則言語以為階。君不密則失臣，臣不密則失身，幾事不密則害成，是以君子慎密而不出也」，所論與

此同。

(3)故曰「欲而無謀」:「故曰」二字衍 (王念孫說)。

(4)極:至。

(5)夫行忿速遂,沒法賊發:「賊發」,郭沫若讀為「則廢」,可從。「遂」與「廢」對文。「沒」同「昧」(《國策・趙策》「沒死以聞」,《史記》作「昧死以聞」)。此言行於忿怒者速敗,昧於法度者則廢。《黃帝四經・十大經・本伐》「所謂行忿者,心雖忿,不能徒怒,怒必有為也,成功而無以求也非……道也」,是「行忿」辭例。

解・六

「大揆度儀,若覺臥,若晦明」,言淵色以自詰也(1),靜默以審慮,依賢可用也,仁良既明,通於可不利害之理,循發蒙也(2)。故曰「若覺臥,若晦明,若敫之在堯也。」

【解釋】

(1)言淵色以自詰也:「淵色」為「淵塞」之聲訛 (張佩綸說)。「自詰」,自我檢討。

(2)靜默以審慮,依賢可用也,仁良既明,通於可不利害之理,循發蒙也:「用」下之「也」字當前移至「慮」字下。「可」當作「才」。「良」字絕句 (張佩綸說)。「循」當作「猶」(王念孫說),原文即「靜默以審慮也:依賢才,用仁良,既明通於

可不利害之理，猶發蒙也」。「可不」即「可否」。「猶發蒙」，
言雖已明通，然猶表現出如初發（啟發）之蒙（蒙昧）。

解・七

「毋訪于佞」，言毋用佞人也，用佞人則私多行[1]；
「毋蓄于諂」，言毋聽諂，聽諂則欺上；「毋育于凶」，言
毋使暴，使暴則傷民；「毋監于讒」，言毋聽讒，聽讒則
失士。夫行私、欺上、傷民、失士，此四者用[2]，所以
害君義失正也[3]。夫為君上者，既失其義正，而倚以為
名譽；為臣者，不忠而邪，以趨爵祿，亂俗敗世，以偷
安懷樂，雖廣其威，可損也，故曰「不正，廣其荒」[4]。
是以古之人，阻其路，塞其遂，守而物修[5]。故著之簡
筴，傳以告後世人曰：其為怨也深，是以威盡焉。

【解釋】

(1) 用佞人則私多行：「私多行」當作「多行私」（鍾肇鵬《管子簡釋》
　　注）。
(2) 用：行。
(3) 害君義失正：「君」字衍（張文虎，陶鴻慶說）。
(4) 雖廣其威，可損也，故曰「不正，廣其荒」：此當斷句為「雖
　　廣，其威可損也，故曰不正，廣其荒」。「廣」謂自驕自大。
　　此言若其不正，則雖欲自大，而其威可損。下句「威盡」即
　　此「威損」，亦即經文之「荒」。《黃帝四經》「地惡廣……廣

而不已，地將絕之」（《十大經‧行守》）、「自光〔廣〕者，人絕之」《稱》），義同。

(5)阻其路，塞其遂，守而物修：此言鑒於為人臣者的亂俗敗世，故古之人阻塞其敗亂之道，謹敬自守而不循蹈其轍。「遂」同「隧」，道路（孫蜀丞說）。「物修」當作「勿循」（趙守正說）。又按：自「夫為君上者，既失其義正，而倚以為名譽」以下，文序錯亂，疑其原文當作：「夫為君上者，既失其義正，而倚以為名譽；雖廣，其威可損也。其為怨也深，是以威盡焉。故曰：『不正，廣其荒。』為臣者，不忠而邪，以趨爵祿，亂欲敗世，以偷安懷樂；是以古之人，阻其路，塞其隧，守而勿循。」「故著之簡筴，傳以告后世人曰」二句已見解文四章，此處又衍出。

解‧八

「不用其區區者」，虛也(1)。人而無良焉，故曰虛也(2)。凡堅解而不動，階隄而不行(3)，其於時必失，失則廢而不濟。天植之正而不謬，不可賢也；植而無能，不可善也；所賢美於聖人者，以其與變隨化也(4)。淵泉而不盡，微約而流施，是以德之流潤澤均加於萬物(5)。故曰聖人參于天地。

鳥飛准繩，此言大人之義也。夫鳥之飛也，必還山集谷。不還山則困，不集谷則死。山與谷之處也，不必正直，而還山集谷，曲則曲矣，而名繩焉(6)；以為鳥起

於北⑺，意南而至于南；起於南意北而至於北。苟大意
得，不以小缺為傷。故聖人美而著之曰⑻，千里之路，
不可扶以繩；萬家之都，不可平以准。言大人之行，不
必以先常，義立之謂賢⑼。故為上者之論其下也，不可
以失此術也。

【解釋】

⑴「不用其區區者」，虛也：根據吳汝綸校，此似當作「不用其
　　區區，聖人參于天地者，虛也」。言不用區區小術，聖人德配
　　天地，這說的是虛靜之道。

⑵人而無良焉，故曰虛也：「而」猶「能」。「無良」，不以己為
　　能。此言人能不自逞其能，故曰虛。

⑶堅解而不動，陼隄而不行：「堅」，固。「解」，止（《漢書·五行
　　志上》集解）。「陼隄」猶跅踷（郭沫若說），徘徊不進。

⑷天植之正而不謬，不可賢也；植而無能，不可善也；所賢美
　　於聖人者，以其與變隨化也：「天植」舊作「失植」，據俞樾
　　說訂正。許維遹說引〈版法解〉「天植，心也」。「植而無能」
　　當作「直而無能」，與「正而不謬」相對（郭沫若說）。「不可善
　　也」當作「不可美也」（郭沫若說）。又按：「不謬」與「無能」
　　相對，「無能」猶「無詒」。「能」與「台」同字，「台」讀作
　　「詒」，謂欺詐。「與」，隨也，從也。此言僅心地正直而無欺
　　詐，仍不可謂之賢美；聖人之所以賢美，在於能因隨變化。
　　此皆就上文之「時」言。〈內業〉、〈心術〉等多有論「與變隨
　　化」。

⑸是以德之流潤澤均加於萬物:「流」字涉上文「流施」衍（丁
　士涵說）。

⑹繩: 直。

⑺以為: 因為。

⑻著之: 謂著之簡冊。

⑼不必以先常，義立之謂賢:「先常」舊誤作「先帝常」，「帝」
　字即「常」字之誤而衍者，「先常」猶「故常」，「常」下絕句
　（王念孫說）。「故常」，舊有之常規。「義立之謂賢」，《荀子‧
　王霸》篇亦有「義立而王」之「義立」辭例。按: 本章「不
　用其區區，聖人參于天地」，言棄小術而因時。「鳥飛准繩」
　論「不以小缺為傷」。〈形勢〉篇與本篇多有相合者。

解‧九

　　「�充」，言心也，心欲忠。「末衡」，言耳目也，耳
目欲端。中正者⑴，治之本也。耳司聽，聽必順聞⑵，
聞審謂之聰。目司視，視必順見，見察謂之明。心司慮，
慮必順言，言得謂之知。聰明以知則博，博而不惛，所
以易政也⑶。政易民利，利乃勸，勸則告〈吉〉⑷。聽
不順不審不聰⑸，不審不聰則繆。視不察不明，不察不
明則過。慮不得不知，不得不知則昏。繆過以惛則憂，
憂則所以伎苛，伎苛所以險政⑹。政險民害，害乃怨，
怨則凶。故曰「�充末衡」，言易政利民也⑺。

【解釋】

(1)中正：心正。另一說當作「忠正」，承上文「忠」、「端」而說（趙守正說）。

(2)聽必順聞：「順」即「慎」字，順、慎古通。下文「順見」、「順言」皆為「慎」字。

(3)聰明以知則博，博而不惛，所以易政也：「以」猶「與」。「博」當作「搏」，即「專」字，下同（許維遹說）。言專精而不惛（昏）亂。

(4)勸則告〈吉〉：「告」當作「吉」（劉績說）。

(5)聽不順不審不聰：「不順」宋本作「不慎」，皆為衍字（劉績、丁士涵說）。

(6)繆過以惛則憂，憂則所以伎苛，伎苛所以險政：「繆」同「謬」。「以」同「與」，古本、朱本即作「與昏」。兩「憂」字同「擾」（許維遹說）。「伎」同「枝」，謂枝蔓繁瑣。「枝苛」，謂法規繁瑣，政令苛刻。《淮南·齊俗》云「治國之道，上無苛令，官無繁治」。

(7)言易政利民也：「言」字衍（豬飼彥博、王念孫說）。

解·十

「毋犯其凶」，言中正以蓄慎也(1)。毋邇其求，言上之敗，常貪於金玉馬女而荖愛於粟米貨財也(2)。厚藉斂于百姓，則萬民懟怨(3)。遠其憂，言上之亡其國也，常邇其樂立優美，而外淫于馳騁田獵，內縱于美色淫聲(4)，

下乃解怠惰失⑸，百吏皆失其端，則煩亂以亡其國家矣。高為其居，危顛莫之救，此言尊高滿大，而好矜人以麗，主盛處賢而自予雄也⑹。故盛必失而雄必敗。夫上既主盛處賢，以操士民，國家煩亂，萬民心怨⑺，此其必亡也。猶自萬仞之山播而入深淵，其死而不振也必⑻。故曰「毋邇其求，而遠其憂，高為其居，危顛莫之救也」。

【注釋】

⑴蓄慎：保持謹慎（趙守正說）。張佩綸以為當作「審慎」。前文有「蓄道」辭例。

⑵言上之敗，常貪於金玉馬女而丟愛於粟米貨財也：「丟」，貪吝。貪愛於金玉馬女粟米貨財者必敗，此即〈樞言〉所謂「蓄藏積陳朽腐而不以與人者殆」。

⑶懟怨：怨恨。

⑷邇其樂立優美，而外淫于馳騁田獵，內縱于美色淫聲：「立」字或說作「工」（金廷桂說）、或說作「私」（姚永概說）、或說作「女」（郭沫若說），均非也。許維遹斷句為「邇其樂，立優美」，訓「立」為「置」（《呂氏春秋·蕩兵》注「立，置也」，設置），得之。然許氏從張佩綸說以為「優美」當作「優笑」則非。「優」謂娼優，即下文之「淫聲」；「美」即下文之「美色」。「外淫于馳騁田獵」即「邇其樂」（嬉樂），「內縱于美色淫聲」即「立優美」。

⑸解怠惰失：即「懈怠惰佚」（安井衡說）。

⑹主盛處賢而自予雄也：「主盛」即持盛、矜盛。「處賢」，以賢

聖自居。「自予雄」，謂自許為雄 (尹注：「予，許也」)。

(7)心怨：當作「懟怨」(王引之說)。

(8)猶自萬仞之山播而入深淵，其死而不可振也必：「播」，搖蕩。
「振」，救。戴望云「朱本『必』下有『矣』字」。

解·十一

「可淺可深，可沉可浮(1)，可曲可直，可言可默。」
此言指意要功之謂也(2)。「天不一時，地不一利，人不一
事。」是以著業不得不多端，名位不得不殊方(3)。明者察
于事，故不官于物而旁通于道(4)。道也者，通乎無上，
詳乎無窮，運乎諸生(5)。是故辯于一言，察于一治，攻
于一事者，可以曲說，而不可以廣舉(6)。聖人由此知言
之不可兼也，故博為之治而計其意(7)；知事之不可兼也，
故名為之說而況其功(8)。歲有春秋冬夏，月有上下中旬，
日有朝暮，夜有昏晨，半星辰序，各有其司(9)。故曰「天
不一時」。山陵岑巖(10)，淵泉閎流(11)，泉踰瀾而不盡(12)，
薄承瀾而不滿(13)，高下肥磽(14)，物有所宜，故曰「地不
一利」。鄉有俗，國有法，食飲不同味，衣服異采，世用
器械，規矩繩准，稱量數度，品有所成(15)。故曰「人不
一事」。此各事之儀(16)，其詳不可盡也。

【解釋】

(1)可沉可浮：當從經文作「可浮可沉」，「沉」與「深」叶侵部

韻（王引之說）。「直」與「默」叶職部韻。

(2)指意要功：「指」讀為「稽」，計也（于省吾說）。「要」同「邀」，求取。此言求得成功必須多方計意。

(3)是以著業不得不多端，名位不得不殊方：通行本作「是以著業不得不多，人之名位不得不殊方」据丁士涵、許維遹說改正。按：《淮南・泰族》「是以緒業不得不多端，趨行不得不殊方」。《文子・自然》「故緒業多端，趨行多方」。「多端」與「多方」正相對應。又，郭沫若以為「人之」當作「分」，屬上讀。

(4)不官于物而旁通于道：「官」，主掌、左右。「不官于物」，言不專主於個別事物。此言明察者，不為物所左右而廣通於道。

(5)詳乎無窮，運乎諸生：「詳」，盡、至。「運」，及《書・大禹謨》「帝德廣運」，孔傳「運，謂所及者遠」）。

(6)察于一治，攻于一事者，可以曲說，而不可以廣舉：「治」當從《淮南・泰族》作「辭」（孫蜀丞、許維遹說）。「攻」，治。「曲說」，片面之說（「曲」猶「隅」）。「舉」，包羅、概括（尹注訓「廣舉」為「廣苞」）。

(7)博為之治而計其意：「治」當作「辭」（許維遹說）。

(8)多為之說而況其功：「多」，舊誤作「名」，形近致誤。「多為之說」，與「博為之辭」相對，《淮南・要略》「故多為之辭，博為之說」與此同（丁士涵說）。「況其功」，比較其功用。

(9)半星辰序，各有其司：「半星」即「中星」，二十八宿依次每月出現在天中的星叫中星。「辰序」，指子、丑、寅、卯等代表十二個月的地支次序。中星依序出現天中，以司掌十二月，

故曰「半星辰序」，各有其司 (參王念孫說)。

(10)岑巖：小而高的山岩。

(11)閎流：大河。又疑當作「泓流」，深流 (丁士涵說)。

(12)瀗：急流 (《淮南·覽冥》高誘注)。

(13)薄：讀為「洦」，淺水 (俞樾說)。

(14)磽：亦作「墝」，土地堅硬瘠薄。

(15)品：眾多事物。

(16)儀：通「宜」，天地人之事，各有其宜，故云各事之宜。

解·十二

「可正而視」，言察美惡，審別良苦⑴，不可以不審。操分不雜，故政治不悔⑵。「定而履」，言處其位，行其路，為其事，則民守其職而不亂。故葆統而好終⑶。「深而迹」，言明墨章書⑷，道德有常，則後世人人修理而不迷⑸。故名聲不息。

【解釋】

(1)審別良苦：「審」字衍 (王念孫說)。「良苦」，猶言好壞。

(2)操分不雜，故政治不悔：「不悔」即「不晦」，不昏亂。此言人人持其名分而各不混雜，則政治不昏亂。

(3)葆統而好終：「葆統」，保持綱紀。「好終」，言以善終。

(4)明墨章書：「墨」謂繩墨，指法度。「章」同「明」。「書」當作「畫」(王念孫說)，指各種規條。

⑸修理：當作「循理」(王念孫說)。

解·十三

「夫天地一險一易，若鼓之有桴〈枹〉，摘擋則擊」。言苟有唱之，必有和之，和之不差，因以盡天地之道。景不為曲物直，響不為惡聲美⑴，是以聖人明乎物之性者，必以其類來也⑵，故君子繩繩乎慎其所先⑶。

【注釋】

⑴景不為曲物直，響不為惡聲美：「景」，古「影」字。物曲則影曲、物直則影直，聲惡則回音亦惡、聲美則回音亦美；無有物曲而影直者。尹桐陽云：「《類聚》十九引《尸子》：言美則響美，言惡則響惡。身長則影長，身短則影短」、《淮南·兵略》「景不為曲物直，響不為清音濁」。

⑵是以聖人明乎物之性者，必以其類來也：尹注：「惡聲往，則惡響來；猶積善餘慶、積惡餘殃」，甚確。安井衡等據此校「性」為「往」。「類」，「同類相求」之「類」。言物之往者，其來必以其同類。「往」謂「積」，「來」謂「報」。

⑶故君子繩繩乎慎其所先：「繩繩」，戒慎的樣子。「先」猶「往」。因有所積則有所報，故當慎戒其先積。

解·十四

「天地，萬物之橐也，宙合有橐天地」。天地苴萬物

⑴，故曰萬物之橐。宙合之意，上通於天之上，下泉於地之下⑵，外出於四海之外，合絡天地⑶，以為一裏，散之至於無間，不可名而山⑷，是大之無外，小之無內。故曰有橐天地。其義不傳，一典品之不極，一薄然而典品無治也⑸。多內則富，時出則當⑹；而聖人之道，貴富以當⑺。奚謂當，本乎無妄之治，運乎無方之事⑻，應變不失之謂當；變無不至，無有應當⑼，本錯不敢忿⑽。故言而名之曰宙合。

【解釋】

⑴苴：包裹。

⑵下泉於地之下：「泉」當為「泉」，古「暨」字，及也，至也（王引之說）。「上通於天之上，下及於地之下」即〈內業〉所謂「上察於天，下極於地」、《黃帝四經・經法・名理》「建於地而溢於天」。

⑶合絡天地：包羅籠罩天地。

⑷散之至於無間，不可名而山：「散之至于無間」疑當在「外出四海之外」下。下文「大之無外」承「外出於四海之外」而說，「小之無內」承「散之至於無間」而言。「至於無間」言至於無間隙可容的微小事物中。「山」，安井衡說當從古本作「出」。按：疑「不可名而出」當作「不可名之」。「而」涉「不」而衍（「而」與「不」形近），「山」本當作「之」，後訛為「出」，「出」又訛作「山」。《儀禮》之「出」字，武威出土《儀禮》簡多訛作「之」。又疑「出」當作「言」。「不可名而言」與下

文「言而名之」相對。

(5)一典品之不極，一薄然而典品無治也：此處文句，說者均不能得其解。按：張佩綸讀「治」為「始」，可從；戴望以為下句之「典品」為衍字，亦是。「一薄然」之「一」亦當涉上文之「一」而衍。此原文當作「一典品之不極，薄然而無始也」。「一」猶「其」（徐仁甫《廣釋詞》）。「典品」，法式，法則（《國語‧魯語》注「典，法也」。《廣雅‧釋詁》「品，式也」、《廣雅‧釋器》「品，法也」）。「其法式不遠」，即〈內業〉之「此稽不遠」也。「薄」同「迫」，接近。「無始」，無有端際。此言其法則距我們並不遙遠，但接近它時又像是無有端際。〈內業〉「折折乎如在於側，忽忽乎如將不得，渺渺乎如窮無極」即此也。

(6)多內則富，時出則當：「內」同「納」。「納」與「出」皆是就「宙合」（即「道」或曰「氣」）而言。「時出」，即《易傳》「以時發也」。此言多聚氣則內心充實，以時發則應物得當。〈內業〉「敬發其充」即此「出」字之義。

(7)貴富以當：「富」猶「氣者身之充也」之「充」，謂氣之充實。此言聖人之道，重視充實氣並且應用得當。

(8)奚謂當，本乎無妄之治，運乎無方之事：「妄」謂虛謬，「無妄」謂平正。「治」當作「辭」（郭沫若說）。「無方」即無常，謂多變也。此言所謂當，即指依據平正之言，應用於多變之事。〈繫辭〉所謂「變動不居，上下無常，不可為典要，唯變所適」。

(9)變無不至，無有應當：此承上文「應變」而說，故「無有應當」疑作「應無不當」。此言變化無所不至，而應物亦無所不

當。

(10)本錯不敢忿：此句費解，諸家所說亦不得其要領。疑「本錯」當作「平素」。《莊子・刻意》「此天地之本」，《藝文類聚》引作「此天地之平」。《易・履》「素履」，馬王堆帛書作「錯履」。「平」謂靜，「素」謂虛。此言道之所存、氣之所聚，在於虛素平靜而不忿怒。虛靜方能聚氣得道，而氣、道之「所以失之，必以喜怒欲利」，所謂「不喜不怒，平正擅匈」即此之謂（上引見〈內業〉）。又，「本」謂「心」，「錯」讀為「素」。「本素」，心地虛靜。按：〈宙合〉末章可與〈內業〉、〈心術〉、〈白心〉參讀。

〈樞言〉解釋

「樞言」，即要言、格言。本篇與〈心術〉等「四篇」稍有區別，那就是它沒有一個中心主題，而是博採治世名箴以論「先王之道」。它的體例與《黃帝四經・稱》及《文子・符言》很接近。

本篇開篇出現三個「曰」，以開其體例，一個是「管子曰」，一個是「故曰」，一個是「樞言曰」，後不再重出。「管子曰」，當是稷下前輩之言；「故曰」，則包括前代典籍、稷下舊作及歷代古訓名諺；「樞言曰」，則為作者語。本篇所輯，即此三方面內容。

〈心術〉等「四篇」及〈形勢〉等篇中所出現的概念論題，在本篇中均有涉及。郭沫若亦云「細審此篇主旨，為初期道家者言，以戒滿戒鬥、寡欲正名為指歸，而不非毀禮法與仁義聖智，與〈心術〉、〈內業〉、〈白心〉諸篇之論相近」（《管子集校》）。然郭氏認為「作者言行年六十而老吃，則頗似以長者自居。宋牼在齊稷下學宮為先輩，孟子曾尊稱之為先生，荀子亦尊稱之為子宋子，疑此篇即是宋牼所作」，則未必。

篇中有「諸侯假之威久而不知極已者殆」，此似指齊湣王稱「東帝」事。《呂氏春秋・執一》記田駢以「無政而可以得政」說齊王而齊王不喜，《鹽鐵論・論儒》又記齊湣王時「諸儒諫不

從，各分散」、「田駢如薛」，證之以本篇篇末「不欲為事」、「不欲為言」等，則本篇或許即為湣王時田駢所為。

一

管子曰：道之在天者，日也；其在人者，心也⑴。故曰：有氣則生，無氣則死，生者以其氣；有名則治，無名則亂，治者以其名⑵。

樞言曰⑶：愛之、利之、益之、安之⑷，四者道之出。帝王者用之，而天下治矣。帝王者，審所先所後。先民與地則治矣⑸，先貴與驕則失矣。是故先王慎貴在所先所後⑹。

人主不可以不慎貴，不可以不慎民，不可以不慎富。慎貴在舉賢，慎民在置官，慎富在務地。故人主之卑尊輕重，在此三者，不可不慎。

國有寶、有器、有用。城郭險阻蓄藏，寶也；聖智，器也；珠玉，末用也⑺。先王重其寶器而輕其末用，故能為天下。

【解釋】

⑴道之在天者，日也；其在人者，心也：這是說日之明照天地，心之明察萬物；然其照察，皆得之於道。〈內業〉：「凡物之精……上為列星……藏於胸中謂之聖人。」道即精氣，精氣即道；舉日以表日月星辰，舉心以表聖人智慧。

⑵有氣則生，無氣則死，生者以其氣；有名則治，無名則亂，治者以其名：〈內業〉「氣乃生」、「和乃生，不和不生」即此「有氣則生，無氣則死」。《莊子·知北遊》「人之生，氣之聚也；聚則為生，散則為死」。「聚」謂「有」，「散」謂「無」。事物出現，有名稱去規定它們，則有序；否則無序。此即「有名則治，無名則亂」。《黃帝四經》、〈心術上〉、〈白心〉等均有論及。

⑶樞言：要言，格言。

⑷愛之、利之、益之、安之：張佩綸《管子學》云：「此即〈牧民〉篇之四欲也。」民惡憂勞我佚樂之，即愛之也；民惡滅絕我生育之，即利之也（按：《儀禮·士虞禮》注：「利猶養也」）；民惡貧賤我富貴之，即益之也（按：《呂氏春秋·貴當》注：「益，富也」）；民惡危墜我存安之，即安之也。

⑸先民與地則治矣：民為治之本，地為民之本，故云「先民與地」。《黃帝四經·經法·君正》云「人之本在地」。

⑹是故先王慎貴在所先所後：此當作「是故先王慎所先所後」，「貴在」二字涉下文「慎貴在舉賢」而衍（王念孫說）。

⑺城郭險阻蓄藏，寶也；聖智，器也；珠玉，末用也：「城郭險阻」，謂各種軍事設施。「蓄藏」，糧食儲備，即〈牧民〉「倉廩實」、「衣食足」。「聖智」，賢人之智慧。「器」，謂成事（尹注「聖無不通，智無遺策，二者可操以成事，故曰器」）。「珠玉，末用也」及下文「輕其末用」二「末」字劉師培、郭沫若以為衍字。「珠玉」在此不指珍寶之類的奢侈品，而是指貨財，其為商品交換流通之用，故云「珠玉，用也」。下文「重器輕用」

（重賢知輕貨財）即《黃帝四經》的「賤財而貴有知」。

二

　　生而不死者二⑴，立而不立〈亡〉者四⑵。喜也者，怒也者，惡也者，欲也者，天下之敗也，而賢者寶之⑶。

　　為善者，非善也，故善無以為也，故先王貴善⑷。

　　王主積于民，霸主積于將戰士，衰主積于貴人，亡主積于婦女、珠玉⑸，故先王慎其所積。

　　疾之疾之，萬物之師也；為之為之，萬物之時也；強之強之，萬物之指也⑹。

【解釋】

⑴生而不死者二：「二」指上文「有氣」、「有名」的「氣」與「名」
　　（郭沫若說）。

⑵立而不立〈亡〉者四：此當作「立而不亡者四」。「亡」，舊誤
　　作「立」，今據丁士涵說訂正。「立而不亡者四」，即指上文所
　　云：「愛之、利之、益之、安之，四者道之出。」立此四者則
　　國可長治久安而不亡（引鍾肇鵬《管子簡釋》注釋）。

⑶天下之敗也，而賢者寶之：郭沫若以為「寶」當作「寡」，趙
　　守正從郭說。按：「寶」字不誤，其義猶前後文之「慎」、「貴」、
　　「重」，《淮南・說山》「侯王寶之」，注：「寶，重也。」此言
　　喜怒惡欲為敗天下者，而賢人特重此四者。謂常能慎重對待
　　它。

⑷為善者，非善也，故善無以為也，故先王貴善：「故善無以為
也」之「故」字，許維遹以為衍字，可從。「貴」，重視。「為
善」及「無以為」兩「為」字，郭沫若讀為「偽」，趙守正從
郭說。按：郭說非。「為善者非善也，善無以為也，故先王貴
善」，是說有為於善，反而不是真正的善，因為真正的善是不
可為的，所以先王對善的問題很重視。〈白心〉說聖人「去善
言善事」，〈心術上〉說世俗之人「立于強，務于善」。有為於
善而非善，去善言善事，忘其為善，乃是真善，老子所謂「上
德無為而無以為」。

⑸王主積于民，霸主積于將戰士，衰主積于貴人，亡主積于婦
女珠玉：「將」字衍，當作「霸主積于戰士」(王念孫說)。《黃
帝四經・經法・六分》「霸主積甲士」與此同。「貴人」，指戚
屬及所寵幸之人。「亡主積于婦女珠玉」，即《黃帝四經・經
法・四度》「黃金珠玉藏積，怨之本也；女樂玩好蓄載，亂之
基也」。

⑹疾之疾之，萬物之師也；為之為之，萬物之時也；強之強之，
萬物之指也：按：「疾」當相對於「時」言，故原文疑作「為
之為之，萬物之師也；疾之疾之，萬物之時也……」。「師」，
眾多（《易・師彖》「師，眾也」）。「指」，猶《公孫龍子》「天地一
指也」之「指」，謂概念。其大意是萬物眾多，需勉力為之；
萬物隨時流逝，需迅疾為之；萬物概念紛雜，需博學強記。
這是諺語，言有省簡。

三

　　凡國有三制，有制人者，有為人之所制者，有不能
制人，人亦不能制者。何以知其然？德盛義尊，而不好
加名於人⑴；人眾兵強，而不以其國造難生患；天下有
大事，而好以其國後⑵；如此者，制人者也。德不盛，
義不尊，而好加名於人；人不眾，兵不強，而好以其國
造難生患；恃與國，幸名利；如此者，人之所制也。人
進亦進，人退亦退，人勞亦勞，人佚亦佚，進退勞佚，
與人相胥⑶；如此者，不能制人，人亦不能制也。

【解釋】

⑴加名於人：謂把自己的名位凌駕於他人之上。老子所謂「欲
　　上民，必以言下之」（第六十六章）。

⑵天下有大事，而好以其國後：「大事」，指會盟、戰爭（《左傳》
　　「國之大事，在祀與戎」）。老子所謂「用兵有言：吾不敢為主而
　　為客，不敢進寸而退尺」，「主」謂「先」，指發動者；「客」
　　謂「後」，指守禦者。《呂氏春秋·季春紀》亦云「兵戎不（當
　　作「之」或「而」，如也）起，不可以從我始」。

⑶進退勞佚，與人相胥：「胥」讀為「從」（牟庭說）。「相胥」即
　　相從、相隨。此即〈白心〉第一章「人不唱不和，天不始不
　　隨」之謂，亦莊子所謂「與物宛轉」。

四

　　愛人甚而不能利也，憎人甚而不能害也⑴，故先王貴當貴周⑵。周者，不出於口，不見於色，一龍一蛇，一日五化，之謂周⑶。故先王不以一過二⑷，先王不獨舉，不擅功⑸。

　　先王不約束，不結紐。約束則解，結紐則絕。故親不在約束結紐⑹。先王不貨交，不列地⑺，以為天下。天下不可改也，而可以鞭箠使也⑻。時也，利〈義〉也，出為之也⑼。餘目不明，餘耳不聰，是以能繼天子之容⑽；官職以然⑾。時者得天，義者得人。既時且義，故能得天與人。

　　先王不以勇猛為邊竟，則邊竟安，邊竟安則鄰國親，鄰國親則舉當矣。

　　人故相憎也，人心之悍，故為之法⑿。法出於禮，禮出於治。治禮，道也，萬物待治禮而後定⒀。

【解釋】

⑴愛人甚而不能利也，憎人甚而不能害也：愛人過甚反不能利人，憎人過甚反不能害之。此皆失其度，故下文云「貴當貴周」。〈心術上〉經文說「不怵乎好，不迫乎惡」，解文說「惡不失其理，欲不過其情」，當節之。

⑵貴當貴周：「當」，喻道，道之具現，即為準度、適當。《黃帝四經》及本書所用「當」的概念，同義。「周」謂周備。

(3)周者，不出於口，不見於色，一龍一蛇，一日五化，之謂周：
　〈心術上〉「真人之言，不出於口，不見於色，四海之人，又
　孰知其則」，〈白心〉「不發於聲名，不凝於體色，此其不可諭
　者也」即此「不出於口，不見於色」之意。「一龍一蛇」，
　謂或顯現如飛龍在天，或隱晦如潛龍在淵。《莊子・山木》「一
　龍一蛇，與時俱化；一上一下，以和為量」義同。「一日五化」，
　謂朝夕明晦時間不同，隨之而變（「五」是虛數，指多）。總之，
　「周」謂周密而不著跡、隨時而與變。做到了這些，便稱為
　周備、至德之人，〈白心〉云「可以為天下周」即此。

(4)以一過二：此蓋古之諺語。尹注「以少喻多，眾所驚也」。老
　子講自我謙抑，反對驕誇，因而只有「一」而視之為「二」，
　是自我增益誇伐，名實不符，有違於道。

(5)不獨舉，不擅功：「獨舉」猶言「獨裁」。先王之不獨舉，因
　為「強不能徧立，智不能盡謀」（〈心術上〉），〈形勢〉云「獨王
　之國，勞而多禍；獨國之君，卑而不威」，亦是戒王之獨舉。

(6)不約束，不結紐：尹注「有束，故可得而解；有紐，故可得
　而絕。相親從心生也」。〈形勢〉云「烏鳥之狡，雖親不善；
　不重之結，雖固必解……見與之交，幾於不親；見愛之交，
　幾於不結」義同。「約束」、「結紐」，均言國與國間以契約結
　成聯盟，形成黨與（鍾肇鵬說）。

(7)先王不貨交，不列地：此言不以贈送貨財和割讓土地結交與
　國。

(8)天下不可改也，而可以鞭箠使也：「鞭箠」即「鞭策」，馬鞭，
　喻法之威。此言天下眾生形形色色而不可改易，但可以法御

之。

(9)時也，利〈義〉也，出為之也：「義」舊作「利」，姚永根據
下文校定為「義」，許維遹等從之。「出」，或以為當作「士」，
通「事」，或以為當作「詘」，通「曲」。按：疑「之」下奪「入」
字。「出為之入也」即〈心術上〉「以其出為之入」，〈白心〉
亦有「出入」之論。「時也，義也，出為之入也」，言參考天
之時與人之義，而對所出現的事物做出恰當的應接。

(10)餘目不明，餘耳不聰，是以能繼天子之容：尹注「雖目視有
餘，不用其明；耳聽有餘，不用其聰」，郭沫若從尹注認為即
「言天子不多作聰明」。按：「餘目」、「餘耳」，謂耳目不專。
《荀子・勸學篇》「目不能兩視而明，耳不能兩聽而聰」，即
此「餘目不明，餘耳不聰」之謂。此以喻天子當專一其事而
不包攬臣下之事，即上文之「不獨舉」。「容」當作「睿」，形
近而訛（〈洪範五行傳〉「思心之不容」，注云「容當作睿」）。此言天子
當專一己事而不獨攬臣下之事，才能保持其睿智。

(11)官職亦然：此承上說，言官吏職責亦復如是，宜各司其職。
此與〈心術上〉論君臣分職相同。

(12)人故相憎也，人心之悍，故為之法：「故」同「固」（郭沫若說）。
人心本兇悍而相互憎惡，故需以法制之。〈內業〉主「心性本
虛」說，而「喜怒欲利」侵入便轉為「人固相憎」，荀子之「性
惡論」便由此發展而來。

(13)法出於禮，禮出於治，治禮，道也，萬物待治禮而後定：此
處三個「治」字郭沫若以為均當作「辭」，趙守正從郭說。按：
「治」均當作「理」，文中有衍字、奪字，疑本當作「法出於

禮，禮出於理，理出於道也；萬物待理而后定」。「理」、「治」
同訓（《國語》注：「治，理也」），且同屬之部字。「禮出於理」即
〈心術上〉「禮者謂有理也」、「禮出乎理」。此言法由禮生，
禮出於理，而人間萬理均出於道，萬物皆依其理序而定。又：
「治禮，道也」，鍾肇鵬以為當作「禮，治道也」（《管子簡釋》
注釋）。此說亦通。

五

　　凡萬物陰陽兩生而參視，先王用其參而慎所入所出
⑴。以卑為卑，卑不可得；以尊為尊，尊不可得；桀舜
是也⑵。先王之所以最重也。

　　得之必生，失之必死者何也，唯無⑶。得之，堯舜
禹湯文武孝己，斯待以成，天下必待以生⑷。故先王重
之。一日不食，比歲欠⑸；三日不食，比歲飢；五日不
食，比歲荒；七日不食，無國土⑹；十日不食，無疇類；
盡死矣⑺。

【解釋】

⑴凡萬物陰陽兩生而參視，先王用其參而慎所入所出：《老子》
　第五十九章有「長生久視」之語，《呂氏春秋・重己》「莫不
　願長生久視」，高誘注「視，活也」。「參」同「三」，「出入」，
　指相互對待的兩個方面。此言萬物發生是遵循著由陰陽這兩
　個相互對待的因素，相生而成第三個事物的序列，所以先王

根據這合成的第三個事物的現象去慎重考察其中所包含的相
互對待的兩個方面。

(2)以卑為卑，卑不可得；以尊為尊，尊不可得；桀舜是也：「卑」
與「尊」為「兩」，兩相比較所得之「卑」或「尊」則為「參」。
此言就卑論卑，卑是無法確定的；就尊論尊，尊也是無法確
定的。這討論的是事物的相對性。卑之與尊相去幾何（《老子》
第二十章「美之與惡，相去幾何」）：它們只有在對待的關係中才能
顯現出來。《老子》第二章「高下相盈」即是此理。桀之卑與
舜之尊都是在「相形」（比較）中區別出來的。

(3)得之必生，失之必死者何也，唯無：「無」當作「炁」，即「氣」
字；「炁」形近「旡」而訛為「旡」，「旡」又寫成了「無」（郭
沫若說）。按：郭說可從。然「無」本身即指「道」、指「氣」，
不改字亦能講通。〈內業〉說「凡道……人之所失以死，所得
以生」，本篇上文又云「有氣則生，無氣則死」。

(4)得之，堯舜禹湯文武孝己，斯待以成，天下必待以生：「得之」
與下文「待」字意思重複，當涉上文「得之必生」而衍。「孝
己」為殷高宗太子，不當列於「文武」之下，故郭沫若以為
「老子」之訛，姑備一說。「斯待以成」，是說堯舜禹湯等聖
人功業皆依賴「道」而得以成就。「天下」，丁士涵云「即上
文所謂萬物也」。按：「天下」下奪「萬物」二字。《黃帝四經·
道原》「萬物得之以生，百事得之以成」，〈內業〉「道也者，
人之所得以生，事之所得以成」，並是此意。

(5)一日不食，比歲欠：「比」，如同，相當於。此「一日不食」、
「十日不食」云云，皆喻人之失去「道」猶如斷食也。

(6)七日不食，無國土：「土」當作「士」（尹桐陽、許維遹說）。「士」
　　與「疇類」相對，地位高於「疇類」。

(7)十日不食，無疇類；盡死矣：「疇類」也作「壽類」、「儔類」、
　　「嚋類」，本指能飲食的動物，引申指活著的人。本文與「士」
　　相對，當指一般百姓。本文一日、三日、五日、七日、十日，
　　分為五等，猶古之天子、諸侯、大夫、士、庶民之五等。俞
　　樾、許維遹以為「無疇類」與「盡死矣」意思重複，故或以
　　為「無」字衍，或以為「盡死」衍。其實，「盡死矣」作歸結，
　　言五等人均不能幸存。

六

　　先王貴誠信，誠信者，天下之結也(1)。賢大夫不恃
宗，至士不恃外權(2)。坦坦之利不以功，坦坦之備不為
用(3)。故存國家，定社稷，在卒謀之間耳(4)。聖人用其
心，沌沌乎博而圜，豚豚乎莫得其門，紛紛乎若亂絲，
遺遺乎若有從治(5)。故曰欲知者知之，欲利者利之，欲
勇者勇之，欲貴者貴之。彼欲貴，我貴之，人謂我有禮；
彼欲勇，我勇之，人謂我恭；彼欲利，我利之，人謂我
仁；彼欲知，我知之，人謂我愨。戒之戒之，微而異之
(6)；動作必思之，無令人識之，卒來者必備之(7)。信之
者仁也，不可欺者智也。既智且仁，是謂成人。

【解釋】

⑴誠信者，天下之結也：尹注「信誠者所以結固天下人之心也」。
前文言先王不有為於約束結紐，故此云當以誠信結天下人之
心。內心誠信，與道冥通，可使天下歸心，即〈形勢〉所謂
「四方所歸，心行者也」。

⑵賢大夫不恃宗，至士不恃外權：「至」當作「室」（豬飼彥博、
王念孫說）。又：何如璋、郭沫若以「至」字不誤，屬下讀。「士
不恃外權」，即謀士不依靠外國的勢力。謀臣借國外勢力以自
重，戰國時極普遍，故《黃帝四經‧經法》說「謀臣在外位
者，其國不安」（〈六分〉）、「謀臣〔外〕其志」（〈亡論〉）、帛書
《繆和》「群臣虛位，皆有外志」等即其證。

⑶坦坦之利不以功，坦坦之備不為用：尹注：「坦坦，謂平平，
非有超而異者，故不能立功而成用也。」「利」，謂工作效益。
此言工作效益平平不可視為功，所具備的條件平平不可取為
用。

⑷卒謀：「卒」同「猝」。「猝謀」，謂謀劃果斷。

⑸聖人用其心，沌沌乎博而圜，豚豚乎莫得其門，紛紛乎若亂
絲，遺遺乎若有從治：「豚豚」與「沌沌」、「脞脞」皆雙聲鏈
語，謂昏然無分際貌。「遺遺」，郭沫若以為當作「遝遝」或
「循循」，有序貌。按：「遺遺」當如「遺蛇」，逶迤宛轉。「若
有從治」，或本作「若有所從治」，疑當作「若有所治」。此言
聖人之用心，渾渾沌沌博大而圓轉，隱隱約約不得其門經，
紛然淆亂如無序之絲，逶迤宛轉似可梳理。

⑹戒之戒之，微而異之：許維通說「微而猶靡能，而、能古今

通用。言不能不與相同也」。郭沫若說「異」為「庇翼」之「翼」，
並云「微而異之，言用心須戒慎，應隱微而庇翼之也，故承
之以無令人識之，下文能戒乎，能敕乎，能隱而伏乎，即此
意」。按：「微而異之」疑是歸結上文「彼欲知，我知之」云
云。「彼欲知，我知之」等，皆說順人所欲之意，「異」則是
相反、不順之意，故當以許說為是。「微（不）而（能）」與下
文「無令」相對。

(7)卒：同「猝」。

七

　　賤固事貴，不肖固事賢。貴之所以能成其貴者，以
其貴而事賤也(1)；賢之所以能成其賢者，以其賢而事不
肖也。惡者，美之充也(2)；卑者，尊之充也；賤者，貴
之充也。故先王貴之。

　　天以時使，地以材使，人以德使，鬼神以祥使，禽
獸以力使(3)。所謂德者，先之之謂也。故德莫如先，應
適莫如後(4)。

【解釋】

(1)貴之所以能成其貴者，以其貴而事賤也：此老子「貴以賤為
　　本」、「江海之所以能為百谷王者，以其善下之」之謂。

(2)美之充也：此言醜惡使美善充分體現出來。

(3)天以時使，人以德使，鬼神以祥使，禽獸以力使：「使」，行

使，發揮作用。「祥」，順。此言天以時序來發揮作用，地以資源來發揮作用，鬼神以禍福來發揮作用，禽獸以力氣來發揮作用。

⑷故德莫如先，應適莫如后：「適」讀為「敵」（安井衡等說）。此言修德之事務先恐後，應敵守戰則務後恐先。《老子》「用兵有言，不敢為主而為客」。本篇上文「天下有大事而好以其國后」，並是此意。

八

先王用一陰二陽者霸，盡以陽者王，以一陽二陰者削，盡以陰者亡⑴。量之不以多少，稱之不以輕重，度之不以短長，不審此三者，不可舉大事⑵。能戒乎？能敕乎⑶？能隱而伏乎？能而稷乎？能而麥乎？春不生而夏無得乎⑷？眾人之用心也，愛者憎之始也，德者怨之本也，唯賢者不然⑸。先王事以合交，德以合人⑹。二者不合則無成矣⑺，無親矣。

凡國之亡也，以其長者也⑻；人之自失也，以其所長者也。故善游者死於梁池⑼，善射者死於中野⑽。

命屬於食，治屬於事⑾，無善事而有善治者，自古及今，未嘗之有也。眾勝寡，疾勝徐，勇勝怯，智勝愚，善勝惡，有義勝無義，有天道勝無天道。凡此七勝者貴眾，用之終身者眾也⑿。

【解釋】

(1)先王用一陰二陽者霸，盡以陽者王，以一陽二陰者削，盡以陰者亡：「陰」謂武功殺罰，「陽」謂文德生賞。此言用一分武功二分文德者霸，全用文德者王，用一分文德二分武功者削弱，全用武功敗亡。此「尚陽」之說源於《黃帝四經》的「用二文一武者王」的「尚文」說（《經法·四度》）。但二者一謂「霸」、一謂「王」，是有差別的。

(2)量之不以多少，稱之不以輕重，度之不以短長：此皆比喻法度。《黃帝四經·經法·四度》云：「尺寸之度曰小大短長，權衡之稱曰輕重不爽，斗石之量曰多少有數」，與此同。《經法·道法》說「稱以權衡，參以天當」，〈心術上〉說「法出乎權，權出乎道」，即上述輕重、短長云云之內蘊。

(3)敕：謹慎（《廣雅·釋詁》）。

(4)能而稷乎，能而麥乎，春不生而夏無得乎：兩個「能而」之「而」涉「能」字而衍（宋翔鳳說）。此為古之諺語。言能懂得種稷得稷，種麥得麥的道理麼？能懂得春不播種而夏無收穫的道理麼？《呂氏春秋·用民》亦云「夫種麥而得麥，種稷而得稷；用民亦有種，不審其種而祈民之用，惑莫大焉」。這裡所表述的，即道家的「觀積」說。

(5)眾人之用心也，愛者憎之始也，德者怨之本也，唯賢者不然：此四句並見下文，為重出之簡，當刪（王念孫說）。

(6)事以合交，德以合人：「事」與「使」古通。「使」，使節。「交」謂有往來交往的鄰國。此言使節用來聯合鄰國，德行用以聚合百姓。

(7)二者不合則無成矣：疑「合」涉上文二「合」字而衍。「不」同「否」。「二者否」即上述二事如做不到。「二者否則無成矣」與下文「五者能而天下治矣」同一句式。

(8)以其長者也：「長」上疑脫「所」字（安井衡說）。

(9)梁池：有梁（橋）之池。

(10)中野：即「野中」，田野之中。

(11)命屬於食，治屬於事：「命屬於食」，謂生之本在於足食。「治屬於事」，謂治之本在於省事。《文子》的〈精誠〉及〈上仁〉均有「事省易治」之說。

(12)凡此七勝者貴眾，用之終身者眾也：「貴眾」之「眾」李哲明疑為衍字，郭沫若疑「聚」字之誤，釋為具備。按：疑當讀為「終」，下文「用之終身」即回應此「貴終」。「眾」與「終」，同為章母冬部字，古同音，故常通假。《老子》第二十六章「是以君子終日行不離輜重」，帛書甲本《老子》「終」作「眾」。下一「眾」字釋為「多」，謂獲益良多。此言七勝者貴在有始有終，倘終身用此七勝則獲益良多。

九

人主好佚欲，亡其身失其國者，殆(1)；其德不足以懷其民者殆；明其刑而賤其士者，殆(2)；諸侯假之威久而不知極已者，殆(3)，身彌老不知敬其適子者，殆(4)；蓄藏積陳朽腐不以與人者，殆(5)。

凡人之名三，有治也者，有恥也者，有事也者(6)。

事之名二，正之察之⑺。五者而天下治矣⑻。名正則正，
名倚則亂，無名則死。故先王貴名。

【解釋】

⑴人主好侈欲，亡其身失其國者，殆：「亡」讀為「忘」(安井衡
　等說)。「失其國」，謂誤其國政。

⑵明其刑而賤其士者，殆：「明其刑」，即盛其刑罰(《淮南・說林
　訓》注「明猶盛也」)。「賤」，古本等均作「殘」(郭沫若說)，殺戮。

⑶諸侯假之威久而不知極已者，殆：「假」，謂借貸，非真給與。
　以戰國齊事來說，「諸侯假之威」，謂諸侯將「東帝」之權威
　借貸給齊湣王，並非真心擁戴他。「極」同「亟」，急也 (郭沫
　若說)。「已」，除去(《詩・墓門》鄭箋「已，猶去也」)。此言諸侯把
　權威借貸給他，時間長了他仍不能醒悟而速速除去此虛名，
　這是很危險的。齊湣王接受說士之建議而去東帝之號，是為
　「知亟已者」。

⑷身彌老不知敬其適子者，殆：「彌」，甚。「適子」即「嫡子」，
　太子。己身已老而不知敬重太子，這是危險的。倘或輕易廢
　黜太子，必致國亂，史載齊桓公擅廢嫡立少而致國亂，《管子》
　書亦云「無擅廢適子」。值得注意的是《管子》書多戒君敬重
　適子，而《黃帝四經》多戒君謹防「適子父」(做太子的具有了
　君父的權威)。

⑸蓄藏積陳朽腐不以與人者，殆：《黃帝四經・經法・四度》亦
　云「黃金珠玉藏積，怨之本也；女樂玩好蓄載，亂之基也」。

⑹凡人之名三，有治也者，有恥也者，有事也者：「恥」當作「佴」，

佐助（《爾雅‧釋言》「佴，貳也」）。「事」，事奉，謂供奉職役（《管子‧入國》注「事，謂供國之職役」）。此言人的名分有三種，有治理百姓者，有佐助治理者，有供奉職役者。

(7)事之名有二，正之察之：「正」猶主掌。此言事之名分有二，有主事者，有監察者。

(8)五者而天下治矣：許維遹云「者下疑奪一字」，郭沫若云「而讀為能，能者善也」。按：「者」下當奪「能」字。蓋本作「五者能而天下治矣」，因「能」與「而」古音義相通，抄者以為衍一字，故漏掉「能」字。「而」猶「則」。「五者能則天下治矣」正與前文（第八章）「二者否則無成矣」句法相同。此言上述五者都能做好則天下大治。

<h1 style="text-align:center">十</h1>

先王取天下，遠者以禮，近者以體(1)。體、禮者，所以取天下；遠、近者，所以殊天下之際(2)。日益之而患少者，唯忠；日損之而患多者，唯欲(3)。多忠少欲，智也，為人臣者之廣道也。為人臣者，非有功勞于國也，爵尊而主卑，為人臣者之大罪也。無功勞于國而貴富者，其唯尚賢乎(4)。

眾人之用其心也，愛者憎之始也，德者怨之本也。其事親也，妻子具則孝衰矣(5)；其事君也，有好業、家室富足則行衰矣；爵祿滿則忠衰矣。唯賢者不然。故先王不滿也(6)。人主操逆，人臣操順(7)。

【解釋】

⑴體：親近（安井衡說。《禮記‧學記》注：「體，親也」）。

⑵殊天下之際：區分天下各國的分際。

⑶日益之而患少者唯忠，日損之而患多者唯欲：忠誠應該與日
俱增而仍恐其少，欲望應該與日俱減而猶恐其多。

⑷其唯尚賢乎：郭沫若讀「唯」為「誰」。按：「其」猶「豈」
（《古書虛字集釋》）。「唯」即「惟」，猶「為」，是也（《經傳釋詞》）。
此言無功勞於國家而君主使之富貴者，豈是尚賢之道。

⑸具：義猶「廣置妻妾」之「置」，置辦。

⑹故先王不滿也：此六字涉下文而衍（王念孫、何如璋說）。

⑺人主操逆，人臣操順：「逆」，謂接受臣下奏章（《周禮‧太僕》
注「逆，謂受下奏」）。「順」，臣下向君主奏陳事宜（《爾雅‧釋詁》
「順，陳也」）。此言人主要掌握納諫之道，人臣要掌握規諫之
道。

十一

先王重榮辱，榮辱在為。天下無私愛也，無私憎也
⑴；為善者有福，為不善者有禍⑵，福禍在為。故先王
重為⑶。

明賞不費，明刑不暴。賞罰明，則德之至者也。故
先王貴明。

天道大而帝王者用，愛惡愛惡，天下可祕；愛惡重，
閉必固⑷。釜鼓滿則人概之，人滿則天概之⑸，故先王

不滿也⑹。

　　先王之書，心之敬執也⑺，而眾人不知也。故有事，事也；無事，亦事也⑻。吾畏事不欲為事，吾畏言不欲為言，故行年六十而老吃也⑼。

【解釋】

⑴天下無私愛也，無私憎也：「天下」當作「天地」（趙守正說）。《黃帝四經》所謂「天無私覆，地無私載」。

⑵為善者有福，為不善者有禍：上句說「天地無私愛」，下句說「天地無私憎」。

⑶故先王重為：「重為」，是說對「為」這個問題十分關注。此「為」近似於道家之「積」。如《黃帝四經・十大經・雌雄節》「德積者昌，殃積者亡，觀其所積，乃知禍福之向」。所謂「積」，在於自然中正，取信而已，而不在著跡於象，故〈白心〉云「為善乎，毋提提；為不善乎，將陷於刑。善不善，取信而止矣」。

⑷天道大而帝王者用，愛惡愛惡，天下可祕，愛惡重，閉必固：「愛惡愛惡」當作「愛愛惡惡」（郭沫若說）。謂先王效法天地無私愛、無私憎，故能愛天下人之所愛，憎天下人之所憎。「愛惡重」三字，郭沫若以為衍文。按：「愛惡重」非衍文，當作「重愛惡」。「閉」當為「祕」字之注而誤入正文（《太玄》注「祕，閉也」），同時又奪去一「祕」字。原文當作「天道大而帝王者用，愛愛惡惡，天下可祕；祕必固，故先王重愛惡」。「祕」，密，寧（《字書》「祕，密也」、《詩・昊天有成命》毛傳：「密，

寧也」)。此言帝王效法天地之道，愛愛惡惡，故天下安寧；安
寧必能鞏固，所以先王重視愛惡之事。「先王重愛惡」與「先
王重為」等文同一律。

(5)釜鼓滿則人概之，人滿則天概之：戴望云：「《意林》引此二
句，在上文爵祿滿則忠衰矣句下。」按：《意林》當是節選本
文，非本文之原貌。此「釜鼓滿」云云與上文「爵祿滿則忠
衰」云云，所說為二事。前說德賞之節，就君主對臣下而言；
此說「戒盈」之事，就君主自身而言。不可混同。「釜鼓」，
古之量器。「概」，刮平釜鼓之木製器具，引申謂「平」(《荀子·
宥坐篇》「盈不求概」，楊倞注「概，平斗斛之木」、《楚辭·惜誓》漢王逸
注「概，平也」)。

(6)故先王不滿也：疑當作「故先王重滿也」，與前文的「故先王
重為」等文例相同。〈白心〉「持而滿之，乃其殆也」。對盈滿
的關注，為道家傳統，故云「故先王重滿也」。

(7)先王之書，心之敬執也：許維遹說「執猶愛也」。按：「敬執」
即「敬服」，所謂心悅誠服也。

(8)有事，事也；無事，亦事也：趙守正以為「此承上文先王之
書而言，故敬事意同敬讀」。按：此當啟下文「不欲為言」、
「不欲為事」而說，「事」猶如「為」(《韓非·解老》)。言有為
固然是為，唯若執意追求無為，仍然是為。《文子·道德》
「欲在于虛則不能虛」、《韓非·解老》「故以無為無思為虛
者，其意常不忘虛，是制于為虛也」，即此「無事，亦事也」
之註腳。

(9)行年六十而老吃：歷經六十載，衰老而口吃。《魏書·高允傳》

「其言呐呐不出于口，余嘗呼之為文子」。此「老吃」亦謂「其言呐呐不出于口」，皆道家之風範。

〈水地〉解釋

〈水地〉篇與老子哲學思想有密切聯繫，與精氣說為聯體，是稷下道家哲學的重要組成部分。

〈內業〉認「氣」為萬物的本原；而〈水地〉則認「水」為「萬物之本原」、「諸生之宗室」。〈內業〉論氣與心的關係，認為氣充則心正；而〈水地〉則認為「水一則人心正」。〈內業〉認為氣決定事物的生滅成敗，〈水地〉認為「聖人之治于世也，其樞在水」。〈內業〉賦予氣以人文意義，〈水地〉認為改良水性可轉移人性。

氣、水與道有密切聯繫。〈水地〉云：「人，水也。男女精氣合而水流形」，此與〈內業〉「凡人之生也，天出其精，地出其形，合此以為人，和乃生，不和不生」相互發揮。稷下道家的氣論和水論，導源於《老子》。

本篇與《呂氏春秋·盡數》可相互參看。〈盡數〉是精氣與水放在一起論述。〈水地〉說「水」集於草木鳥獸如何如何，而〈盡數〉則說「氣」集於樹木鳥獸如何如何；〈水地〉說水質不同而人性各異，〈盡數〉也說「輕水所多禿與癭人，重水所多尰與躄人，甘水所多好與美人，辛水所多疽與痤人，苦水所多尩與傴人」。蓋〈盡數〉作於六國已亡，故只泛言輕水、重水云云而不再標出國名；而〈水地〉則作於此前，故有齊水、秦水等

等之別。總之，〈盡數〉可能受了〈水地〉的影響。

　　〈水地〉開篇說「地者，萬物之本原，諸生之根菀也」，結尾說「水者，萬物之本原，諸生之宗室也」，這種水地二元論可能與《易·坤》卦的川地的演變相聯繫。《易》本以「川水」之卦為祖宗卦，後則演變為以「坤地」為祖宗卦；〈水地〉則是從當時認定的「地」為本原而上溯古老的水為本原的傳統，其篇名「水」在「地」前就說明了這一點。

　　另外，本篇寫五臟、五慮之生長過程與《文子·九守》有聯繫；其描寫涸澤生慶忌與蟡一段文字與《莊子·達生》相類。

　　〈水地〉頌讚楚、宋之水。為何獨美楚、宋之水，至今尚未見到更好的解釋。是否〈水地〉篇為稷下學宮中老、莊學派所為？

一

　　地者，萬物之本原，諸生之根菀也(1)，美惡、賢不肖、愚俊之所生也(2)。水者，地之血氣，如筋脈之通流者也。故曰水，具材也(3)。何以知其然也？曰：夫水淖弱以清(4)，而好灑人之惡(5)，仁也；視之黑而白，精也(6)；量之不可使概，至滿而止，正也(7)；唯無不流，至平而止，義也(8)；人皆赴高，己獨赴下，卑也。卑也者，道之室，王者之器也，而水以為都居(9)。準也者，五量之宗也(10)；素也者，五色之質也(11)；淡也者，五味之中也。是以水者萬物之準也，諸生之淡也(12)，違非得失之

質也⒀。是以無不滿，無不居也，集於天地，而藏於萬物，產於金石⒁，集於諸生⒂，故曰水神。集於草木，根得其度，華得其數，實得其量⒃。鳥獸得之，形體肥大，羽毛豐茂，文理明著。萬物莫不盡其幾，反其常者，水之內度適也⒄。

【解釋】

(1)根菀：與後文「諸生之宗室」之「宗室」義同。「根」與「宗」皆謂根本，「菀」與「室」皆指眾生畜養之所。「菀」通「苑」，即養牛馬林木的地方。「根苑」為植根的苑圃（鍾肇鵬、孫開泰《管子簡釋》注）。

(2)愚俊：愚智。

(3)具材：材美具備（尹注）。

(4)淖弱：雙聲鏈語，猶淖約（許維遹說），柔弱貌。

(5)灑：洗滌。

(6)視之黑而白，精也：尹注「視其色雖黑，乃揮揚之則白；如此者，精也」。「視之黑而白」，老子所謂「知其白守其黥」、「大白若黥」也。此言水性素白而色黑，是其精所致。

(7)量之不可使概，至滿而止，正也：「概」，刮平斗斛等的木製器具。此言量水不用以概平之，滿則自止，水性正平。

(8)唯無不流，至平而止，義也：尹注「方圓邪曲，無所不流，平則止，不可增高；如此者，義也」。

(9)都居：「都」同「豬」（安井衡說），停聚。此謂水以卑下為停居之所。

⑽準也者，五量之宗也：水可以平準，為五種量器之根本。五
　量，權、衡、規、矩、準（尹桐陽說）。

⑾素也者，五色之質也：水性素白，為五色之本。《文子‧道原》
　「色者，白立而五色成」即此。

⑿萬物之准，諸生之淡：「淡」讀為「澹」，足也（俞樾說）。此言
　萬物取度於水，眾生取足於水。

⒀躔非得失之質：「躔」，舊作「違」，據丁士涵說改。「躔」，是
　（丁士涵等說）。「質」，本。

⒁產於金石：五行說所謂「金生水」。

⒂集於諸生：「集」疑作「長」（李哲明說）。

⒃根得其度，華得其數，實得其量：根之生長不濫而合其長度，
　花之開敗合其節而不違時數，果實結成合其重量而不瘋長。

⒄萬物莫不盡其幾，反其常者，水之內度適也：「幾」，終也（《淮
　南‧繆稱》注）。「常」猶「故」，謂始也。「內」同「納」，含、
　包含。此言萬物莫不盡其終而返其故者，由水所含準度適恰
　所致。「盡其幾而反其常」即《慎子》「繳終反始」。惟「幾」
　亦有生機之意，則「盡幾反常」，謂萬物充滿生機而保持常態。

二

　　夫玉之所貴者，九德出焉⑴。夫玉溫潤以澤，仁也；
鄰以理者，知也⑵；堅而不蹙，義也；廉而不劌，行也
⑶；鮮而不垢，潔也；折而不撓，勇也⑷；瑕適皆見，
精也⑸；茂華光澤⑹，並通而不相陵，容也⑺；叩之，

其音清摶徹遠，純而不殺，辭也⑻。是以人主貴之，藏
以為寶，剖以為符瑞，九德出焉。

【解釋】

⑴九德出焉：「焉」，指示代詞，那裡。人主貴玉，因九德出於
　玉。「九德」，即下文仁、智、義、行、潔、勞、精、容、辭。
　言「德」而以「九」數，《繫辭》亦有之，如所謂「三陳九德」。

⑵鄰以理者，知也：「鄰」當作「粼」，清徹（何如璋說）。「理」，
　有條理。「知」同「智」。

⑶堅而不蹙，義也；廉而不劌，行也：「蹙」，迫脅（《廣雅·釋詁
　三》「蹙，迫也」）。「廉」，銳利。「劌」，割傷。「行」，品行。「堅
　而不蹙，廉而不劌」語出《老子》「方而不割，廉而不劌」（第
　五十八章）。

⑷折而不撓，勇也：「撓」，屈服。

⑸瑕適皆見，精也：「瑕適」，即「瑕讁」，玉之疵（何如璋說）。
　《老子》第二十七章「善言無瑕讁」，二者義同。「精」，尹注
　如字。王念孫等以為當作「情」。

⑹茂華：當作「英華」（王引之說），謂玉理之美。

⑺容：寬容，包容。

⑻其音清摶徹遠，純而不殺，辭也：「清摶」當作「清揚」（豬飼
　彥博、郭沫若說）。「殺」當作「毅」，雜也（許維遹說）。「辭」，治，
　條理（郭沫若說）。

三

　　人，水也。男女精氣合，而水流形(1)。三月如咀(2)。咀者何？曰五味。五味者何？曰五藏(3)。酸主脾，鹹主肺，辛主腎，苦主肝，甘主心。五藏已具，而後生肉。脾生隔(4)，肺生骨，腎生腦，肝生革(5)，心生肉。五肉已具(6)，而後發為九竅(7)。脾發為鼻，肝發為目，腎發為耳，肺發為竅(8)。五月而成，十月而生(9)，生而目視，耳聽心慮。目之所以視(10)，非特山陵之見也，察於荒忽(11)；耳之所聽，非特雷鼓之聞也，察於淑湫(12)；心之所慮，非特知於麤粗也(13)，察於微眇。故修要之精(14)。

【解釋】

(1)男女精氣合，而水流形：尹注「陰陽交感，流布成形」。《易‧繫辭下》「男女構精，萬物化生」，則「男女」猶言陰陽。〈內業〉「凡人之生，天出其精，地出其形」，水在地中，故此云水流其形。此「流形」即《易‧乾》「品物流形」之「流形」，言生命於水中流動成形。

(2)三月如咀：「如」，而；「咀」，含五味（陶鴻慶等說）。

(3)五藏：指下文所說脾、肺、腎、肝、心。

(4)隔：同「膈」，胸腔與腹腔之間的組織。

(5)革：皮膚。

(6)五肉已具：王念孫以為「五」字衍，「而後生肉」、「肉已具」二「肉」字兼指膈髓骨膚諸生理組織。丁士涵等則以「五肉」

為「五內」。

(7)發為九竅：諸「為」字通「於」。發於九竅，言五臟之氣通過
　　九竅散發於外。

(8)肺發為竅：當從隨蕭吉《五行大義》引作「肺發為口，心發
　　為下竅」(王念孫說)。

(9)五月而成，十月而生：「五月」當從《文子・九守》作「七月」
　　(張佩綸說)，《文子・九守》：「人受天地變化而生，一月而膏，
　　二月而脈，三月而胚，四月而胎，五月而筋，六月而骨，七
　　月而成形，八月而動，九月而躁，十月而生，形骸已成，五
　　藏乃分，肝主目，腎主耳，脾主舌，肺主鼻，膽主口……」，
　　與此說相近。

(10)目之所以視：「以」字衍 (安井衡等說)。

(11)荒忽：幽昧微晦。

(12)淑湫：寂靜 (張佩綸說)。「察于荒忽」、「察于淑湫」，言視於無
　　形、聽於無聲。

(13)麤麤：當作「麤粗」，二字義同音異 (王念孫說)，猶粗略，與
　　「微眇」相對。

(14)故修要之精：張佩綸以為此五字為古注誤入正文。

四

　　是以水集於玉，而九德出焉；凝寒而為人，而九竅
五慮出焉(1)。此乃其精也，精麤濁寒，能存而不能亡者
也(2)。伏闇能存能亡者，著龜與龍是也(3)。龜生於水，

發之於火⑷，於是為萬物先⑸，為禍福正。龍生於水，被五色而游，故神。欲小則化如蠶蠋⑹，欲大則藏於天下⑺，欲尚則凌於雲氣⑻，欲下則入於深泉。變化無日，上下無時，謂之神。龜與龍，伏闇能存而能亡者也。或世見，或世不見者⑼，生螭與慶忌⑽。故涸澤數百歲，谷之不徙，水之不絕者生慶忌。慶忌者，其狀若人，其長四寸，衣黃衣，冠黃冠，戴黃蓋⑾，乘小馬，好疾馳，以其名呼之，可使千里外一日反報，此涸澤之精也。涸川之精者，生於螭⑿。螭者一頭而兩身，其形若蛇，其長八尺，以其名呼之，可以取龜鱉⒀，此涸川水之精也。是以水之精麤濁蹇能存而不能亡者，生人與玉；伏闇能存而亡者，著龜與龍⒁；或世見，或不見者⒂，螭與慶忌。故人皆服之，而管子則之；人皆有之，而管子以之⒃。

【解釋】

⑴凝蹇而為人，而九竅五慮出焉：「蹇」，停、滯 (尹注)。「五慮」，五官之能，謂聽、視、聞、味、思。

⑵此乃其精也，精麤濁蹇，能存而不能亡者也：王念孫等以為此當讀為一句，即「此乃其精麤濁蹇能存而不能亡者也」，謂生人與玉乃水之精麤濁蹇能存而不能亡者也。「濁蹇」謂濁滯、濁鈍。此言水之停聚，則生人生玉，然人與玉不能化變，故云「能存而不能亡」。

⑶著龜與龍是也：「著」字衍 (陶鴻慶、許維遹說)。

⑷發之於火：龜甲通過以火灼鑽而發揮占卜作用 (尹注「謂卜者以火鑽灼之」)。

⑸為萬物先：「先」，先知。

⑹蠋：桑蟲。

⑺欲大則藏於天下：疑當作「函于天地」(陳奐說)。

⑻尚：同「上」。

⑼或世見，或世不見：言世人或可見之，或不可見之。又解，「見」謂見用。

⑽生螈與慶忌：「生」字疑衍 (俞樾說)。「螈」與「慶忌」，澤之精。此與《莊子・達生》及《山海經・海內經》之「委蛇」、「延維」之神話相類 (郭沫若說)。

⑾戴黃蓋：「戴」，宋本作「載」。「蓋」，車蓋。

⑿涸川之精者，生於螈：此當作「涸川之精者生螈」。王念孫等皆以為「於」字衍。言涸川之精氣聚則生螈。

⒀可以取魚鱉：「以」當作「使」(王念孫說)。

⒁蓍龜與龍：「蓍」字衍 (陶鴻慶說)。

⒂或不見者：當作「或世不見者」(王念孫說)。

⒃人皆服之，而管子則之；人皆有之，而管子以之：人皆食用水，而管子獨能取以為法則；人皆擁有水，而管子獨能真正利用它。「人皆服之」而不知則之，〈繫辭〉所謂「百姓日用而不知也」。

五

是故具者何也⑴？水是也。萬物莫不以生⑵，唯知其託者能為之正⑶。具者，水是也。故曰：水者何也，萬物之本原也，諸生之宗室也，美惡、賢不肖、愚俊之所產也。何以知其然也？夫齊之水，逎躁而復⑷，故其民貪麤而好勇；楚之水，淖弱而清，故其民輕票而敢⑸；越之水，濁重而洎，故其民愚疾而垢⑹；秦之水，泔冣而稽，埳滯而雜，故其民貪戾，罔而好事⑺；齊晉之水，枯旱而運，埳滯而雜，故其民諂諛葆詐⑻，巧佞而好利；燕之水，萃下而弱，沉滯而雜，故其民愚戇而好貞，輕疾而易死⑼；宋之水，輕勁而清，故其民閒易而好正⑽。是以聖人之化世也，其解在水⑾。故水一則人心正⑿，水清則民心易⒀。一則欲不污⒁，民心易則行無邪。是以聖人之治於世也，不人告也，不戶說也，其樞在水。⒂

【解釋】

⑴具：具備。此言水可具備萬物。〈內業〉言氣聚於心則心可具備萬物，與此同理。

⑵萬物莫不以生：萬物莫不因之而生。

⑶唯知其托者能為之正：「托」，寄託，猶言內蘊。此言唯知水之內蘊者可正萬物。得道、得氣者能正萬物，亦與此同理。

⑷齊之水道躁而復：「逎」舊本作「道」，急也（據王念孫說）。「復」，盛也（張佩綸說）。

⑸輕㵰而敢：「輕㵰」舊本作「輕果」，據丁士涵說，即「輕慓」，
　　為楚語，意即輕快敏捷。「敢」舊本作「賊」，文理不通，據
　　郭沫若校改。

⑹越之水濁重而洎，故其民愚疾而垢：「洎」，浸滲。「疾」，惡；
　　「垢」當作「妒」（丁士涵等說）。

⑺秦之水泔㝡而稽，埤滯而雜，故其民貪戾，罔而好事：「泔」，
　　淘米水，指水渾濁。「㝡」即「最」字，聚。「泔㝡」，意為水
　　渾濁而聚集泥沙（鍾肇鵬、孫開泰《管子簡釋》注）。「稽」，停留。
　　「罔」，虛妄。「好事」猶好功。

⑻齊晉之水枯旱而運，埤滯而雜，故其民諂諛葆詐：「齊晉」疑
　　當作「參晉」（黃釗，《「管子・水地」篇考論》，載《道家文化研究》第
　　二輯）。「枯」當作「苦」，讀為「鹽」，鹽池；「苦旱」即苦澀
　　（許維遹等說）。「運」讀為「渾」（俞樾說）。「葆」，盛茂（《通欲
　　文》、《廣雅・釋訓》），「葆詐」猶多詐。

⑼燕之水萃下而弱，沉滯而雜，故其民愚戇而好貞，輕疾而易
　　死：「萃」，聚。「萃下」，猶趨下。「戇」，剛直。「貞」，正。
　　「易死」，輕死。

⑽間易：當作「簡易」（孫星衍等說）。

⑾解：猶〈內業〉「一言之解」的「解」，謂底蘊。

⑿水一：水純。

⒀易：平和。

⒁一則欲不污：「一」當作「人心正」（王念孫說）。

⒂樞：樞要、關鍵。

附錄： 司馬談〈論六家要指〉

　　太史公學天官於唐都，受易於楊何，習道論於黃子。太史公仕於建元元封之閒，愍學者之不達其意而師悖，乃論六家之要指曰：

　　易大傳：「天下一致而百慮，同歸而殊塗。」夫陰陽、儒、墨、名、法、道德，此務為治者也。直所從言之異路，有省不省耳。嘗竊觀陰陽之術，大祥而眾忌諱，使人拘而多所畏；然其序四時之大順，不可失也。儒者博而寡要，勞而少功，是以其事難盡從；然其序君臣父子之禮，列夫婦長幼之別，不可易也。墨者儉而難遵，是以其事不可徧循；然其彊本節用，不可廢也。法家嚴而少恩；然其正君臣上下之分，不可改矣。名家使人儉而善失真；然其正名實，不可不察也。道家使人精神專一，動合無形，贍足萬物。其為術也，因陰陽之大順，采儒墨之善，撮名法之要，與時遷移，應物變化，立俗施事，無所不宜，指約而易操，事少而功多。儒者則不然。以為人主天下之儀表也，主倡而臣和，主先而臣隨。如此則主勞而臣逸。至於大道之要，去健羨，絀聰明，釋此而任術。夫神大用則竭，形大勞則敝。形神騷動，欲與天地長久，非所聞也。

　　夫陰陽、四時、八位、十二度、二十四節各有教令，順之者昌，逆之者不死則亡，未必然也，故曰「使人拘而多畏」。夫春生夏長，秋收冬藏，此天道之大經也，弗順則無以為天下綱紀，故曰「四時之大順，不可失也」。

　　夫儒者以六藝為法。六藝經傳以千萬數，累世不能通其學，當年不能究其禮，故曰「博而寡要，勞而少功」。若夫列君臣父子之禮，序夫婦長幼之別，雖百家弗能易也。

　　墨者亦尚堯舜道，言其德行曰：「堂高三尺，土階三等，茅茨不翦，采椽不刮。食土簋，啜土刑，糲粱之食，藜藿之羹。夏日葛衣，

冬日鹿裘。」其送死，桐棺三寸，舉音不盡其哀。教喪禮，必以此為
萬民之率。使天下法若此，則尊卑無別也。夫世異時移，事業不必
同，故曰「儉而難遵」。要曰彊本節用，則人給家足之道也。此墨子
之所長，雖百家弗能廢也。

法家不別親疏，不殊貴賤，一斷於法，則親親尊尊之恩絕矣。
可以行一時之計，而不可長用也，故曰「嚴而少恩」。若尊主卑臣，
明分職不得相踰越，雖百家弗能改也。

名家苛察繳繞，使人不得反其意，專決於名而失人情，故曰「使
人儉而善失真」。若夫控名責實，參伍不失，此不可不察也。

道家無為，又曰無不為，其實易行，其辭難知。其術以虛無為
本，以因循為用。無成勢，無常形，故能究萬物之情。不為物先，
不為物後，故能為萬物主。有法無法，因時為業；有度無度，因物
與合。故曰「聖人不朽，時變是守。虛者道之常也，因者君之綱」
也。群臣並至，使各自明也。其實中其聲者謂之端，實不中其聲者
謂之窾。窾言不聽，姦乃不生，賢不肖自分，白黑乃形。在所欲用
耳，何事不成。乃合大道，混混冥冥。光燿天下，復反無名。凡人
所生者神也，所託者，形也。神大用則竭，形大勞則敝，形神離則
死。死者不可復生，離者不可復反，故聖人重之。由是觀之，神者，
生之本也，形者，生之具也。不先定其神〔形〕，而曰「我有以治天
下」，何由哉？

太史公既掌天官，不治民。有子曰遷。

遷生龍門，耕牧河山之陽。年十歲則誦古文。二十而南游江、
淮，上會稽，探禹穴，闚九疑，浮於沅、湘；北涉汶、泗，講業齊、
魯之都，觀孔子之遺風，鄉射鄒、嶧；戹困鄱、薛、彭城，過梁、
楚以歸。於是遷仕為郎中，奉使西征巴、蜀以南，南略邛、筰、昆
明，還報命。

主要參考書目

一、歷代管書校注
1. 尹知章《管子注》(舊題房玄齡注)
2. 戴　望《管子校正》(同治十二年刊本)
3. 郭沫若《管子集校》(1956 年印本)
4. 趙守正《管子通解》(1989 年北京經濟學院出版社)
5. 李　勉《管子今註今譯》(臺灣商務印書館出版)
6. 湯孝純《新譯管子讀本》(1995 年臺北三民書局)
7. 鍾肇鵬《管子簡釋》(1997 年山東齊魯書社)

二、相關研究論注
1. 俞　樾《諸子平議》(同治九年刊本)
2. 王念孫《讀書雜志》(道光刊本)
3. 金受申《稷下學派之研究》(1971 年臺灣商務印書館印本)
4. 蒙文通《古學甄微》(1987 年巴蜀書局)
5. 張舜徽《周秦道論發微》(1982 年北京中華書局)
6. 吳　光《黃老之學通論》(1985 年浙江人民出版社)
7. 劉蔚華《稷下學史》(1992 年中國廣播電視出版社)
8. 丁原明《黃老學論綱》(1997 年山東大學出版社)
9. 陳麗桂《戰國時期的黃老思想》(1997 年臺北聯經出版社)
10. 胡家聰《管子新探》(1995 年中國社會科學出版社)
11. 胡家聰《稷下爭鳴與黃老新學》(1998 年中國社會科學出版社)
12. 白　奚《稷下學研究》(1998 年北京三聯書店)
13. 趙蔚芝《稷下學宮資料彙編》(1987 年山東教育出版社)
14. 張秉楠《稷下鉤沉》(1991 年上海古籍出版社)

胸懷理想　追尋人生的永恆
心繫真理　省思生命的泉源

——走進中國哲學家澎湃的思潮中

世界哲學家叢書中國哲學系列

孔　子　韋政通 著

孔子是中國文化、中國思想最具代表性的人物，自古至今，研究孔子的文獻不計其數，本書是在前人的基礎上向前推進，為孔學研究展出新的風貌，並掘發孔子對成德工夫、成德理想及成德之教的關聯。

孟　子　黃俊傑 著

孟子及其思想充滿強韌的生命力，不僅在戰國時代氣勢撼人，而且二千年來在東亞歷史上也影響深遠。本書主旨在於分析孟子其人及其思想，並從思想史角度探討歷代儒者對孟子思想解釋之變遷。

墨　子　王讚源 著

本書基於學術的立場，通俗化的企求，運用筆者所構想的「層面整體動態觀」這一方法，重新研討墨子的現代意義；其內容涉及墨子的宇宙論、知識論、方法論、治國理念，並將貴義、兼愛創造地詮釋為企業管理思想。

淮南子 　李 增 著

本書所論承續淮南子哲學思想論文集未竟的問題，而就其論人、論道德、論社會歷史進化、論政治思想、論勢等專題與前書共而為整體的研究，足以一窺淮南子如何統合六家、融其為一爐而發的深論。

董仲舒 　韋政通 著

自民初新文化運動以來，董仲舒是一位很多人罵他，卻很少人真正了解他的人物。本書是從學術的立場透過歷史層次探討董仲舒思想的結構與意義，使我們今後從思想層次上評判其得失功過時，多一些可靠的依據。

周敦頤 　陳郁夫 著

周敦頤的思想影響中國長達六百多年之久，深入政治、教育、習俗各層面。本書由天道論、人道論等方面介紹他的思想，並做忠實的批評，指出他的思想所受的限制與偏失，使讀者對他有更深入及客觀的了解。

張 載 　黃秀璣 著

張載是宋新儒學先驅者中重要思想家之一。他一生除消極地攻擊佛教在形而上學與倫理學的虛無主義對個人及社會的危害，更積極地倡導先秦儒學所著重的人文實在主義。本書有系統地探討張載在宇宙論、倫理學與知識論上的問題，讓讀者了解其「繼往開來」的特殊貢獻及現代意義。

程顥、程頤　李日章 著

「理學」又名新儒學，是中國近世之顯學，而程顥、程頤正是理學的建立者。本書從現代人的觀點，以批判之態度來陳述其思想，剖析其關切之問題，評估其學說之價值，並介紹其生平為人，冀使現代讀者從中獲得啟發與教示。

朱　熹　陳榮捷 著

本書由《朱子文集》、《朱子語類》等朱子本人著作立論，所論多為中韓日學人所未言者，如朱子生活之酒興，吟唱、貧乏以至印書發售是也。即名號、親屬與友輩門人之交際，和其與佛教之關係，亦不乏新資料焉。

陸象山　曾春海 著

陸象山繼承孟子心學的主要精神，再予以發展深化成「心即理」這一扼要而精闢的心學命題。本書蒐集多方材料，回歸原典，嘗試以清晰的語言解析象山哲學的諸般概念之涵義，期揭示其貢獻與侷限。

王陽明　秦家懿 著

本書直溯陽明本人的遺言，由淺入深地探討他的思想，內容涵蓋「心即理」、「格物即誠意」、「致良知」、「良知本體」等命題，並兼論王陽明對於道教、佛教所持的態度；最後憑著比較性的史實，給陽明的學說作一種「總評價」。